高 等 职 业 教 育 教 材

职场礼仪
训练教程

刘 江 张 华 陈兴廷 主编

Workplace Eti
Training Co

化学工业出版社
·北京·

内 容 简 介

本书基于日常交往、职场交际、工作中最基本的礼仪细节，主要内容包括走进礼仪、形体礼仪、表情礼仪、姿态礼仪、举止礼仪、轿车礼仪、引导礼仪、仪表仪容礼仪、介绍礼仪、名片礼仪、电话礼仪、语言礼仪、餐饮礼仪、仪式仪典礼仪、应聘礼仪等十五个训练项目。每个训练项目都包含相应的训练目标、训练要点、过程控制、技能要求、礼仪知识、训练口号、案例导入、思考与练习、技能训练、项目小结、思考题等模块，每一个项目后附有详细的技能训练说明表格，以检验学习效果。

本书可作为高等职业院校各专业的礼仪实训教材使用，也可供相关人士在实践中参考。

图书在版编目（CIP）数据

职场礼仪训练教程/刘江，张华，陈兴廷主编．—北京：化学工业出版社，2021.12（2025.1重印）

ISBN 978-7-122-40212-7

Ⅰ.①职…　Ⅱ.①刘…②张…③陈…　Ⅲ.①心理交往-礼仪-教材　Ⅳ.①C912.12

中国版本图书馆 CIP 数据核字（2021）第 224526 号

责任编辑：王　可　蔡洪伟　王　芳　　　　　　文字编辑：贾全胜　陈小滔
责任校对：宋　夏　　　　　　　　　　　　　　　装帧设计：张　辉

出版发行：化学工业出版社（北京市东城区青年湖南街 13 号　邮政编码 100011）
印　　装：北京科印技术咨询服务有限公司数码印刷分部
787mm×1092mm　1/16　印张 11　字数 258 千字　2025 年 1 月北京第 1 版第 3 次印刷

购书咨询：010-64518888　　　　　　　　　售后服务：010-64518899
网　　址：http://www.cip.com.cn

凡购买本书，如有缺损质量问题，本社销售中心负责调换。

定　　价：38.00元　　　　　　　　　　　　　　　　　　　　　　版权所有　违者必究

前 言

职场礼仪课程指导大学生进入社会、融入职场，增强人际交往与沟通能力，展示良好的职业素养，进而促进其顺利成长与发展。该课程既是加强德育美育的重要举措，又是培养社会所必需的高素质员工的重要方面。它是一门操作性、实用性很强的课程，具有内容丰富、实践环节新颖的特点。

本书是该课程的配套教材，基于日常交往、职场交际、工作中最基本的礼仪细节开展活动，主要内容包括走进礼仪、形体礼仪、表情礼仪、姿态礼仪、举止礼仪、轿车礼仪、引导礼仪、仪表仪容礼仪、介绍礼仪、名片礼仪、电话礼仪、语言礼仪、餐饮礼仪、仪式仪典礼仪、应聘礼仪等十五个训练项目。本手册的策划设计力求特色鲜明，有以下特点。

（1）在体例设计上采用"项目模块"。以项目法组织教学，在结构安排上分为训练任务、知识介绍、实训指导三大部分，又通过"案例分析""技能训练""项目小结""提示指导"等栏目，将零散知识系统化，重在突出高职教育"要做什么"和"怎么去做"的教学特色，适应现代职业院校"教、学、做、练、赛"的指导思想和培养目标。

（2）内容编排上突出"任务驱动"。在每个项目里，以三至四项任务为单元来安排教学；在内容的选取上体现"学以致用"，在每个任务中，以支撑任务的关键技能点作为训练重点，增强学生的感性认识，提高学生的认知能力，激发学生的学习兴趣。最终，使学生有效地掌握人际交往中的基本礼仪，在日常生活、社会交往和工作中能够轻松自如地运用礼仪塑造良好的个人形象。

（3）本手册体现了需求导向教学目标。内容上以工作任务为导向，同时也体现了双元组合。一是职业培训模式符合职业能力的要求，在学校以传授专业知识与技能训练相结合，通过训练使学生接受技能培训；二是方便大家在业余时间和职场中、生活交往中随时接受礼仪技能方面的专业培训。

本手册是在总结坚持多年的礼仪训练经验基础上，结合精品课程的建设和日常教学体会编写的。本书由刘江、张华、陈兴廷担任主编，丁旭兵、王瑛、文婧羽参与编写。项目一、四、五、十三由张华编写,项目二、七由陈兴廷编写,项目三、六、九由刘江编写,项目八、十二由文婧羽编写,项目十、十一由王瑛编写,项目十四、十五由丁旭兵编写。张华最后统稿。本教材的策划设计、内容安排由张华负责。

  本手册可作为高等职业院校、成人高校和民办高校各类专业学生的礼仪实训教材,也可供社会各行业人员使用和参考。

  在本教材的编写出版过程中,借鉴和参考了大量国内外相关资料和书籍,得到了有关企业专家的指导,得到了编者所在学院和教学系的大力支持,在此一并表示敬意和感谢!

  由于编者水平有限,书中难免存在疏漏和不足之处,敬请同行专家和广大读者批评指正。

编者

2021 年 11 月

目 录

| 项目一 | 走进礼仪 | 1 |

任务一　了解礼仪的含义 —— 2
任务二　了解礼仪的特点和原则 —— 3
任务三　了解礼仪的功能和作用 —— 4
【技能训练标准】—— 6

| 项目二 | 形体礼仪训练 | 7 |

任务一　塑造体态美 —— 9
任务二　把杆练习 —— 10
任务三　标准舞——华尔兹训练 —— 12
【技能训练标准】—— 19

| 项目三 | 表情礼仪训练 | 20 |

任务一　微笑礼仪训练 —— 21
任务二　目光语训练 —— 25
【技能训练标准】—— 28

| 项目四 | 姿态礼仪训练 | 29 |

任务一　掌握端庄的站姿 —— 31

任务二　掌握优雅的坐姿 —— 34
任务三　掌握自信的行姿 —— 40
任务四　掌握美观大方的蹲姿 —— 42
【技能训练标准】—— 44

| 项目五 | 举止礼仪训练 | 46 |

任务一　掌握手势礼仪 —— 47
任务二　掌握见面礼仪 —— 51
【技能训练标准】—— 57

| 项目六 | 轿车礼仪训练 | 58 |

任务一　掌握乘坐轿车的礼仪 —— 60
任务二　掌握上下轿车的礼仪 —— 64
【技能训练标准】—— 66

| 项目七 | 引导礼仪训练 | 67 |

任务一　认识引导者 —— 69
任务二　掌握引导礼仪 —— 70
【技能训练标准】—— 73

项目八　仪表仪容礼仪训练　74

任务一　掌握看场合穿衣服的原则————75
任务二　掌握领带的打法————84
任务三　掌握饰品礼仪————86
任务四　掌握仪容礼仪————89
【技能训练标准】————92

项目九　介绍礼仪训练　94

任务一　掌握自我介绍————95
任务二　掌握他人介绍————97
任务三　掌握集体介绍————99
【技能训练标准】————101

项目十　名片礼仪训练　102

任务一　了解名片的分类、制作和使用————103
任务二　掌握名片的交换礼仪————105
【技能训练标准】————107

项目十一　电话礼仪训练　108

任务一　掌握接听电话礼仪————109
任务二　掌握拨打电话礼仪————113
任务三　掌握商务电话礼仪————114
【技能训练标准】————118

项目十二　语言礼仪训练　119

任务一　掌握称呼礼仪————121
任务二　掌握问候礼仪————123
任务三　掌握交谈礼仪————125
【技能训练标准】————130

项目十三　餐饮礼仪训练　131

任务一　了解宴请礼仪————132
任务二　掌握中餐位次礼仪————136
任务三　掌握赴宴与就餐礼仪————139
任务四　熟悉西餐就餐礼仪————141
任务五　熟悉饮用礼仪————143
【技能训练标准】————146

项目十四　仪式仪典礼仪训练　148

任务一　掌握签字仪式程序礼仪————149
任务二　熟悉剪彩仪式礼仪————153
【技能训练标准】————157

项目十五　应聘礼仪训练　158

任务一　掌握求职礼仪————159
任务二　掌握面试礼仪————162
任务三　掌握辞别礼仪————167
【技能训练标准】————168

参考文献　170

项目一　走进礼仪

【训练目标】

了解中国礼仪的起源与发展，掌握礼仪、礼貌、礼节、仪表的概念，理解礼仪的特点、礼仪的原则、礼仪的功能和作用。认识职业礼仪的重要作用。

【训练要点】

从思想上认识学习礼仪的必要性、重要性，以礼仪的原则作为总的指导。

【过程控制】

讲授→案例分析→引导→创设情景→综合考核。

【技能要求】

运用礼仪知识指导约束自己的行为。

【训练口号】

讲礼仪，讲文明，做一个合格的职业人才。

【案例导入】

礼仪修养——第二张名片

某医疗设备厂准备引进"大输液管"生产线，欲与客商李先生合作。经过详细的考察，李先生对企业的发展和管理很满意，他已经决定要与销售主管签合同。双方决定第二天正式签订协议。销售主管请李先生到车间参观。车间秩序井然有序，李先生赞许地点着头。突然，销售主管感到嗓子不适，本能地咳了一声，到车间的墙角吐了一口痰，然后连忙用鞋擦去，油漆地面留下了一片痰迹……

两天后，李先生在给销售主管的信中写道："尊敬的主管先生：我十分佩服您的才智和精明，但是您在车间里吐痰的一幕使我彻夜难眠。恕我直言：一个主管的卫生习惯可以反映一个部门的管理素质，况且，我们今后生产的是用于治病的输液管。人命关天！请原谅我的不辞而别……"信中一席话，看得销售主管羞愧难当。

说一说：听完故事后有什么感受？今后我们应怎么做？

[评点] 一个人的行为好似一面镜子，反映出他的文化蕴涵、知识水准和道德修养。文明礼仪是塑造个人形象的重要工具，个人形象也是一种品牌，文明修养是第二张毕业证。与人相处，良好的习惯和修养同样重要。如果说学位、职位代表一个人身份的话，那么，习惯和修养就是人的第二身份。

任务一　了解礼仪的含义

"礼"——尊重。"礼者敬人也"。在人际交往中，既要尊重别人，更要尊重自己，礼者敬人。

"仪"——恰到好处地向别人表示尊重的形式。光说尊重有时候没用，表达尊重需要形式，不仅要有礼，而且要有仪。

礼仪就是人们在社会交往活动中应共同遵守的行为规范和准则。从个人修养的角度来看，礼仪可以说是一个人内在修养和素质的外在表现。从交际的角度来看，礼仪可以说是人际交往中适用的一种艺术、一种交际方式或交际方法，是人际交往中约定俗成的示人以尊重、友好的习惯做法。从传播的角度来看，礼仪可以说是在人际交往中进行相互沟通的技巧。

一般而言，与礼仪相关的词最常见的有三个，即礼貌、礼节、礼仪。

1. 礼貌

礼貌，是人与人之间接触交往中通过言语、动作对交往对象相互表示尊重、谦虚、恭敬和友好的行为规范。礼貌可分为礼貌行为（包括点头、合十、鼓掌、微笑、鞠躬、拥抱等）和礼貌语言（包括敬语、雅语、敬称、敬词等）。礼貌行为是一种无声的语言，礼貌语言是一种有声的行动。礼貌的一般表现形式主要有：仪容、仪表、仪态、语言、着装、面部表情、姿态，以及待人接物、为人处世的方式和态度等。

2. 礼节

礼节，是人们在日常生活和社交场合相互问候、致意、祝愿、慰问以及给予必要协助与照料的惯用形式。在社交活动中，人们往往通过不同的礼节形式来表达尊敬或礼貌，如握手、拥抱、作揖等都属于礼节。

3. 礼仪

礼仪，是指人们在社会交往中因历史传统、风俗习惯、宗教信仰、时代潮流等因素而形成，既为人们所认同，又为人们所遵守，以建立和谐关系为目的的各种符合交往要求的行为准则和规范的总和。

总之，礼貌是礼节的规范；礼节是礼貌的表现形式；礼仪是沟通思想、交流感情、表达心意、促进了解的一种形式，是社会交往中不可缺少的润滑剂和联系的纽带，是现阶段精神文明的重要组成部分，是社会文明程度、道德风尚和生活习惯的反映，是通过礼貌、礼节得到体现的一种方式。

任务二　了解礼仪的特点和原则

一、礼仪的特点

1. 时代性

礼仪作为一种文化范畴，必然具有浓厚的时代特色。任何时代的礼仪，其时代的特性和内容往往决定了它的表现。

2. 规范性

无论是具体言行还是具体的姿态，均可反映出行为主体的思想、道德等内在品质和外在的行为标准。

3. 共同性

人们追求真善美的愿望是一致的，礼仪是社会各阶层人士所共同遵守的准则与行为规范。每个人都要依礼办事，全人类不管哪个国家、哪个民族都以讲礼仪为荣。

4. 可操作性

切实有效，实用可行，规则简明，易学易会，便于操作，是礼仪的特征。它不是纸上谈兵、空洞无物、不着边际、故弄玄虚、夸夸其谈，而是既有总体上的礼仪原则、礼仪规范，又在具体的细节上以一系列的方式、方法，仔细周详地对礼仪原则、礼仪规范加以贯彻，把它们落到实处，使之言之有物、行之有礼、不尚空谈。

5. 差异性

礼仪的差异性主要表现为民族差异性。由于地域、民族、文化背景的不同，不同民族的礼仪多姿多彩、各具特色，不同的民族有着不同的表现形式。

6. 继承性

礼仪规范将人们交际活动中约定俗成的程式固定下来，这种固化程式随着时间的推移沿袭下来，形成了继承性特点。

二、礼仪的基本原则

1. 平等的原则

平等是现代礼仪中的核心，即尊重交往对象，以礼相待，对任何交往对象都必须一视同仁，给予同等程度的礼遇。

2. 互敬的原则

古人云："敬人者，人恒敬之。"敬人就是尊敬他人，包括尊敬自己，维护个人乃至组织的形象。不可损人利己，这也关乎人的品格问题。

3. 真诚的原则

真诚就是在交际过程中做到诚实守信，不虚伪、不做作。交际活动作为人与人之间信息传递、情感交流、思想沟通的过程，如果缺乏真诚则不可能达到目的，更无法保证交际效果。

4. 自律的原则

自律就是自我约束，按照礼仪规范严格要求自己，知道自己该做什么、不该做什么。

5. 适度的原则

适度就是把握分寸。礼仪是一种程序规定，而程序自身就是一种"度"。礼仪无论是表示尊敬还是热情，都有一个"度"的问题，没有"度"，施礼就可能进入误区。

6. 宽容的原则

即人们在交际活动中运用礼仪时，既要严于律己，更要宽以待人。理解宽容就是要豁达大度，有气量，不计较和不追究。具体表现为一种胸襟，一种容纳意识和自控能力。

任务三　了解礼仪的功能和作用

一、礼仪的功能

1. 沟通功能

礼仪的重要功能是对人际关系的调解。在现代社会中，人们之间的关系错综复杂，各种矛盾时有发生。人们在社会交往中，只要双方都自觉地遵守礼仪规范，就容易沟通感情，从而使交际更容易成功。

2. 协调功能

礼仪具有调节人际关系的功能。一方面，礼仪作为一种规范、程序，作为一种文化传统，对人际关系模式起着规范、约束和及时调整的作用；另一方面，某些礼仪形式、礼仪活动可以化解矛盾，建立新关系模式。

3. 规范功能

礼仪作为约定俗成的行为准则与规范，对人们的各种行为有着广泛的约束力。但礼仪的实施不具有强制性，也无需他人的督促和监督，主要是靠自觉地利用礼仪规范约束自身行为，纠正不良习惯，调节人际关系，维护社会秩序。

4. 维护功能

礼仪是社会文明发展程度的反映和标志，同时也对社会风尚产生广泛、持久和深刻的影响。讲礼仪的人越多，社会便会越和谐安定。

二、礼仪的作用

礼仪的作用表现在以下几个方面。

1. 尊重的作用

尊重的作用即向对方表示尊敬、敬意，同时对方也还之以礼。礼尚往来，有礼仪的交往行为，蕴含着对彼此的尊敬。

2. 约束的作用

礼仪作为行为规范，对人们的社会行为具有很强的约束作用。礼仪一经制定和推行，久而久之，便成为社会的习俗和社会行为规范。

3. 教化的作用

礼仪具有教化作用，主要表现在两个方面。一方面是礼仪的尊重和约束作用。礼仪作为一种道德习俗，它对全社会的每个人都有教化作用，都在施行教化。另一方面，礼仪的形成、完备和规范化，会成为社会传统文化的重要组成部分，它以"传统"的力量不断地由老一辈传给新一代，世代相继、世代相传。

【技能训练】

分组讨论，每一组同学讲一个现实生活中的礼仪小故事。

【项目小结】

本项目介绍了礼仪的相关知识和问题，共有三个任务。任务一阐述了礼仪的含义，礼貌、礼节与礼仪，要求学生掌握礼仪的概念。任务二介绍了礼仪的特点和原则，通过学习培养和提高学生的责任心和礼仪规则意识。任务三进一步学习了礼仪的功能和作用，通过训练加强学生礼仪修养，使学生的礼仪素质和礼仪的理论水平有所提高，所掌握的知识具有实用性、时效性和可操作性。

【思考题】

1. 礼仪、礼貌、礼节的含义各是什么？

2. 试述礼仪的基本特征。
3. 礼仪的特点和原则是什么？
4. 中西方礼仪的差异有哪些？

【讨论】

结合所学礼仪知识，你认为高职院校的学生掌握礼仪礼节的重要意义何在？向大家介绍一段你周围的人继承中华民族礼节礼仪传统美德的故事。

【技能训练标准】

实训学时	2学时
实训的方法和手段	1. 案例分析法、讲解法、启发法。 2. 引导学生按照礼仪规范要求自己，帮助学生纠正不良习惯，通过学习能够将礼仪规范运用到工作生活中
实训的要求和标准	要求：认真听课，深入体会，明确任务，树立信心。 标准：1. 根据思考与练习，以组为单位完成礼仪、礼貌技能训练任务，设计情景组织现场表演。 2. 每组要确定好每个成员所扮演的角色，要以不同的人物出现。 3. 个人表演要结合礼仪的知识来设计，要展示出新时期个人形象风采
任务考核	1. 熟悉和掌握礼仪的概念和特征。 2. 理解礼貌、礼节的含义及礼仪的基本特征。 3. 分别对每个小组和个人掌握的情况打分，最后评出总分
任务布置	结合本节课所学知识，深入理解礼仪的概念和特征，把良好的礼仪规范标准化作个人自觉自愿的能力行为

项目二　形体礼仪训练

【训练目标】

通过以标准舞华尔兹为主要练习方式的形体礼仪训练，使学生掌握体育舞蹈基本技术，既锻炼身体，又塑造学生良好的形体姿态，培养学生社交礼仪素质，引导学生建立正确的体态意识，建立体态美感，提高形象品位。还可以使学生掌握修炼形体、气质的方法，让学生学有所变，学有所用。

【训练要点】

1. 了解熟悉正确的形体体态及体态训练的目标。
2. 学会形体塑造的基本方法并进行练习。
3. 矫正不正确的姿态，提升个人魅力。
4. 学会华尔兹基本姿态、基本步伐、基本礼仪及简单套路。

【过程控制】

讲授→示范→把杆、立脚尖、华尔兹→指导→练习→综合考核。

【技能要求】

融舞蹈、健身、健心、健美为一体，塑造优美体形及姿态，加强形体美。

【训练口号】

我自信，我很美！尽情挥洒成功的气质和风度！塑造优美的体态！

【案例导入】

小曲 28 岁，某公司的部门主管。由于在生长发育阶段没有妥善关注体形，平时又不注意饮食的合理搭配、节制和适当的运动锻炼，以致身体肥胖，腰粗壮，臀部下垂。

这段时间，由于工作忙，他很少有休息时间。好不容易到了周末，他就带了刚认识不久的女友去逛街，碰巧遇到两位大学男同学也在逛街。其中一人边走边伸出手大声地叫："喂！'曲肥胖'，你怎么也在逛街？"听到有人这么叫小曲，小曲身边的女友脸一红，敌对地看了打招呼的人一眼，便站在旁边，没有说话。此时，同学和小曲都没有注意到刚才的一幕，那俩同学与小曲大声寒暄几句之后，才想起了他身边还站着一位女士，就问小曲身边的女士是谁。小曲这时才想起向同学介绍自己的女友。待小曲介绍完毕，同学冲着小曲说道："不错嘛，你这肥哥眼光不错，女友这么标致。"说着，给了小曲女友一个点头礼，问了一声"你好"。

问题：上述有无不符合标准形体礼仪的地方？若有，请指出来，并说明正确的做法是什么。

[评点]

1. 在与同学打招呼时，可不可以称呼同学的绰号？
2. 由于身体过于肥胖，如何定位和评价自己的形体？
3. 如何运用科学、系统、严格的专门性形体训练进行针对性练习，以至形成动力定型？
4. 如何提高形体审美能力，使其养成注重形体美的习惯？

形体与礼仪，其基础是"形"。本课程的学习，首先从"形"即体态的感觉开始，找到"提""收""松""挺"的最佳形体感觉及精神状态，改善体态气质，然后针对"形"的状态即体形加以调整，对身体各个部位分别进行塑造、修饰，使错位、变形的身材得到矫正，最后对形体动作和表现加以约束，即展现礼仪美。

通过形体训练，使学生掌握控制体态体形的方法，获得一种正确的形体感觉，从而拥有一种从内到外的气质。通过学习、训练，使学生拥有高水准的、符合职业形象要求和适应社会交往的形体与礼仪。

任务一　塑造体态美

体态美不仅体现在容貌方面，还体现在自信、善良、内涵等很多方面。

人的体态美是通过优美的形体姿态来体现的，而优美的姿态又是由正确的站姿发展出来的。站姿是人们生活交往中的一种最基本的举止，是生活静态造型的动作。优美而典雅的站姿是一个人动态美的基础和起点。一个良好的站姿，必然是头部端正，两眼平视，梗颈，肩部放松，挺胸，收腹，提臀，膝关节伸直。因此，站姿作为动态美的基础和起点，应该得到真正的重视和有效的训练。

1. 端正肩膀

练习肩膀形体，要求颈部保持上挺，肩膀自然下垂。这样的姿势有助于锻炼颈椎，减少肩颈部疾病（图2-1）。

2. 矫正驼背

对于经常在电脑前工作的人，该训练有助于增强背部肌肉力量，调整脊椎的姿势、角度，改善脊椎方面的病痛，有助于减少背部脂肪，预防背部臃肿现象，使身材更加挺拔。

3. 收腰减腹

形体训练中，挺胸收腹的姿势使腹部肌肉经常保持紧绷状态，脂肪层变薄，肌肉更有弹性。收腹这个动作还能使人看上去更加挺拔（图2-2）。

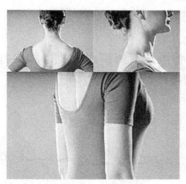
图2-1　端正肩膀

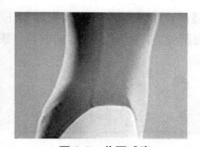
图2-2　收腰减腹

4. 提升臀线

臀部紧绷或者是提臀的动作，有助于锻炼臀部肌肉弹性，将臀线上提，保持优美线条。

5. 骨盆上提

普通人的骨盆是向前倾斜的。长期练习芭蕾形体，可以将骨盆上提，与大腿在同一垂直线上，从视觉上拉长腿部线条。

6. 改善大腿肌肉线条

长期练习可以形成条状肌肉，增强优美的肌肉线条，使大腿看上去更加修长。

7. 改善小腿肌肉线条

长期练习可以使小腿更加纤细、修长，也更加有力。

8. 纠正姿态

练习时，上体挺拔，保持头部、躯干和腿在一条垂线上的良好习惯。这有助于增强肌肉弹性，增加控制能力和身体协调性，在运动训练过程中养成最正确的身体姿势。

【思考与练习】

1. 怎样进行形体训练？
2. 形体训练与职业有什么联系？
3. 在日常生活中如何按照形体美标准保持良好的坐、立、行姿势？

任务二　把杆练习

把杆训练不仅能够培养规范化的身体姿态，而且能够有效地增强腿部和躯干部位的柔韧性、力量和平衡能力。借助把杆进行慢动作和分解动作练习，有利于掌握技术细节，建立正确的动作概念。此训练具有一定规范的要求。

一、把杆训练

1. 压腿

动作步骤：右手扶把，左腿放在把杆上，膝盖绷直，后背挺直向下压，注意身体一定要放正（图2-3）。

锻炼部位：抻拉腿部韧带，使腿型更加修长。

动作误区：膝盖弯曲，脚面没有绷直，背部弯曲。

2. 下蹲

动作步骤：左手扶把，右手向身体斜下方伸展，双脚脚跟并拢，脚尖打开呈一字线。下蹲，双膝向脚尖方向打开，臀部向前顶（图2-4）。

图2-3　压腿

图2-4　下蹲

锻炼部位：抻拉大腿内侧肌肉。

动作误区：下蹲时膝盖向前弯曲，这样对膝关节有害。

3. 前点地

动作步骤：站立，右脚前伸出，脚尖点地。右手向身体右侧打开，左手向体前伸出，呈半圆形。注意收腹、挺胸，眼睛看斜下方（图2-5）。

锻炼部位：收腹，使修长的腿型、挺拔的背部展现出来，有助于养成优美体态。

动作误区：膝盖弯曲，驼背，腹部过于松弛。

4. 后下腰

动作步骤：左手扶把杆，右臂向前打开，上举过头。向后下腰，尽量将双肩放平，后背部收紧（图2-6）。

图2-5　前点地　　　　　　　图2-6　后下腰

锻炼部位：背部肌肉，起到伸展、开肩、挺胸、阔背的作用。建议有拢胸不良习惯者多多练习。

动作误区：脖颈没有挺直，背部松懈，脊椎没有用力。

5. 吸腿拧腰

动作步骤：坐在地上右腿伸直，左腿弯曲，左脚紧贴右腿小腿肚。后背挺直，向左后方拧腰（图2-7）。

图2-7　吸腿拧腰

锻炼部位：消除腰部赘肉，有助于保持正确的上身体态，训练出有腰有型的漂亮身姿。

动作误区：背部松懈，右腿弯曲。

6. 拓展练习

（1）仰卧抬臀腰：仰卧，两腿屈膝，两脚分开同臀部宽度，两手臂贴地，掌心朝下；向上抬高臀和腰背部，这两处的肌肉用力收紧，然后放下身体回至地面，反复做30次。

（2）俯卧两头翘：俯卧，双腿分开略宽于肩，两臂向前伸直；腰背部肌肉用力，将整个身体向上抬起，再轻轻放下，反复做15～30次。

二、立脚尖训练

1. 气质功效

常常做立脚尖练习，不仅有助于整个身形的挺拔与修长，对塑造小腿线条美也很有帮助，还有助于恢复、增强腿的力量，解决下肢粗胖的问题，使腿部轻巧，身体不会往下坠。同时，也有助于控制体重，增强身体控制能力。

2. 练习流程

双手扶着把杆或任何一稳固的物体，两脚并拢，"提""收""松""挺"站立。然后脚跟离地，尽可能抬高，脚面尽可能绷直，使身体的重量全在脚趾上，保持3～5分钟即可。结束动作的时候，脚跟缓慢落地，身体笔直下落，保持良好的体态感觉不变。练习结束时，将两手重叠，手掌心贴住肚脐，深呼吸三次。

3. 练习方法

（1）踮起脚跟时，身体不要晃动，胸部有向上挺拔的感觉。膝盖绷直，不能挺出腹部或向后翘臀，而要收腹提臀，整个身体直上直下，保持"提""收""松""挺"的感觉。

（2）身体向上牵引、拉长，感觉头顶触到了天。两肩向后扩，并自然下沉，舒展眉头，面带微笑，眼睛平视前方，最好保持眼睛不动，体会亭亭玉立、顶天立地的感觉。寻找挺拔向上的身姿，保持正确的体态，感受端庄大方、典雅的气质风度。停止练习后还要保持这种感觉。

（3）练习时配以旋律流畅、轻快的乐曲。

【思考与练习】

1. 怎样进行形体训练？
2. 形体训练环节中应注意哪些事项及锻炼方法？
3. 如何保持完美的标准体形？

任务三　标准舞——华尔兹训练

标准舞除了探戈外，都源于欧洲大陆，曲调大多抒情优美、潇洒华丽，旋律感强，时而激情昂扬，时而缠绵性感。服饰雍容华贵，体现欧洲男士的绅士风度和女士们的妩媚：男士需身着燕尾服、系白（黑）领结；女士则以飘逸、艳丽长裙表现出她们华贵的美丽姿态。标准舞包含五种舞：华尔兹、探戈、狐步舞、快步舞、维也纳华尔兹。根据课程设置，我们将学习华尔兹舞。

一、站姿

男士右脚重心，双膝微屈，收腹挺胸，后背支撑上体，髋关节与地面平行；双臂沿肩膀两侧向外展开，两大臂平行于地面；左小臂向上，虎口向上，右小臂向内折回。肩部下沉，颈部向上直立，头部感觉向上，目视前方（图2-8）。女士重心放在左脚，自然站立，双膝微屈，身体前倾，身体感觉向上拉高，双臂沿肩两侧向外展开，右臂向上，左臂向内折回，头由背部向左后方延伸，要形成两条弧线，一条是由胸腰到头部的弧线，一条是由胸腰到头部向左倾斜的弧线（图2-9）。

项目二 形体礼仪训练

图2-8 男士站姿　　　　　　图2-9 女士站姿

二、握持

男士左手架握住女士右手掌心处，两大臂与地面平行，小臂左高右低，右手五指并拢轻托女士肩胛骨下侧。女士左手虎口张开，放在男士右肩大臂三角肌处，左大臂轻放在男士右小臂上；右手虎口握住男士大拇指根处，身体沿腰椎以上往左后方延伸（图2-10）。

(a) 正面　　　　　　　　　(b) 侧面

图2-10 握持

三、华尔兹基本步

（1）左脚并换步（图2-11）。

预备：闭式舞姿　　　结束：闭式舞姿

步骤	节拍	男士	女士
1	1	左脚前进	右脚后退
2	2	右脚经左脚横步	左脚经右脚横步
3	3	左脚并于右脚	右脚并于左脚

13

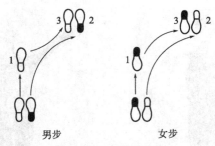

图 2-11 左脚并换步

（2）右转步（图 2-12）。

预备：闭式舞姿　　结束：闭式舞姿

小节	步骤	节拍	男士	女士
1	1	1	右脚前进	左脚后退
	2	2	左脚经右脚横步	右脚经左脚横步
	3	3	右脚并于左脚	左脚并于右脚
2	4	4	左脚后退	右脚前进
	5	5	右脚经左脚横步	左脚经右脚横步
	6	6	左脚并于右脚	右脚并于左脚

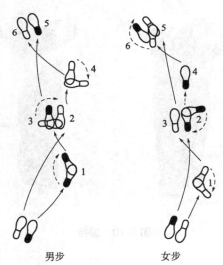

图 2-12 右转步

（3）右脚并换步（图 2-13）。

预备：闭式舞姿　　结束：闭式舞姿

步骤	节拍	男士	女士
1	1	右脚前进	左脚后退
2	2	左脚经右脚横步	右脚经左脚横步
3	3	右脚并于左脚	左脚并于右脚

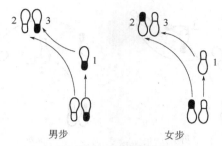

图 2-13 右脚并换步

（4）左转步（图 2-14）。

预备：闭式舞姿　　结束：闭式舞姿

小节	步骤	节拍	男士	女士
1	1	1	左脚前进	右脚后退
	2	2	右脚经左脚横步	左脚经右脚横步
	3	3	左脚并于右脚	右脚并于左脚
2	4	4	右脚后退	左脚前进
	5	5	左脚经右脚横步	右脚经左脚横步
	6	6	右脚并于左脚	左脚并于右脚

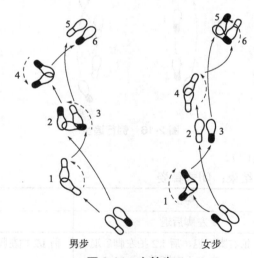

图 2-14 左转步

（5）叉形步（图 2-15）。

预备：闭式舞姿　　结束：散式舞姿

步骤	节拍	男士	女士
1	1	左脚前进	右脚后退
2	2	右脚横步稍前	左脚后退
3	3	左脚在右脚后交叉	右脚在左脚后交叉

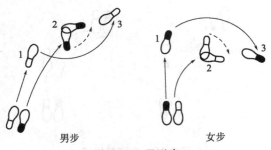

图 2-15 叉形步

（6）侧行追步（图 2-16）。

预备：散式舞姿　　结束：闭式舞姿

步骤	节拍	男士	女士
1	1	右脚前进并交叉于反身动作位置	左脚前进并交叉于反身动作位置
2	2	前 1/2 拍左脚横步稍前，后 1/2 拍右脚并于左脚	前 1/2 拍右脚横步，后 1/2 拍左脚并于右脚
3	3	左脚横步稍前	右脚横步稍后

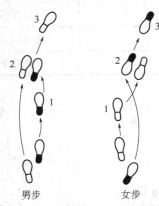

图 2-16 侧行追步

（7）后退锁步（图 2-17）。

预备：散式舞姿　　结束：闭式舞姿

步骤	节拍	男士	女士
1	1	左脚后退	右脚前进
2	2	前 1/2 拍右脚后退，后 1/2 拍左脚后退，交叉于右脚前	前 1/2 拍左脚前进，后 1/2 拍右脚交叉于左脚后
3	3	右脚后退	左脚前进

（8）后叉形步（图 2-18）。

预备：闭式舞姿　　结束：散式舞姿

步骤	节拍	男士	女士
1	1	左脚后退	右脚前进
2	2	右脚后退	左脚横步向前
3	3	左脚在右脚后交叉	右脚在左脚后交叉

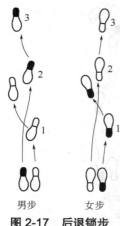
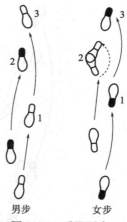

图 2-17 后退锁步　　　　图 2-18 后叉形步

（9）纺织步（图 2-19）。

预备：散式舞姿　　结束：闭式舞姿

小节	步骤	节拍	男士	女士
1	1	1	右脚前进	左脚与男伴并进
	2	2	左脚前进	右脚前进
	3	3	右脚经左脚横步	左脚经右脚横步
2	4	4	左脚后退	右脚前进
	5	5	右脚后退	左脚前进
	6	6	左脚经右脚向前	右脚经左脚后退

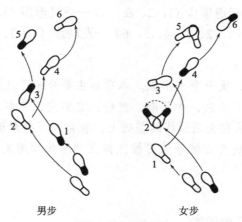

图 2-19 纺织步

（10）右旋转步（图 2-20）。

预备：闭式舞姿　　结束：闭式舞姿

步骤	节拍	男士	女士
1	1	左脚后退	右脚前进
2	2	右脚前进	左脚后退稍左
3	3	左脚横步稍后	右脚经左脚斜前

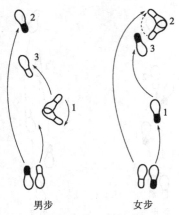

男步　　　　女步

图 2-20　右旋转步

四、华尔兹舞组合练习（括号内为节拍数）

第一个组合：左脚并换步（1、2、3）—右转步（1、2、3、4、5、6）—右脚并换步（1、2、3）—左转步（1、2、3、4、5、6）。

第二个组合：叉形步（1、2、3）—侧行追步（1、2、&、3）—右转步（外侧1、2、3）—后退锁步（1、2、&、3）—后叉形步（1、2、3）。

第三个组合：纺织步（1、2、3、4、5、6）—右旋转步（1、2、3、4、5、6）—左转步（1、2、3）。

套路连接：左脚并换步（1、2、3）—右转步（1、2、3、4、5、6）—右脚并换步（1、2、3）—左转步（1、2、3、4、5、6）—叉形步（1、2、3）—侧行追步（1、2、&、3）—右转步（外侧1、2、3）—后退锁步（1、2、&、3）—后叉形步（1、2、3）—纺织步（1、2、3、4、5、6）—右旋转步（1、2、3、4、5、6）—左转步（1、2、3）。

【项目小结】

塑造优雅的形体姿态，提升个人形象。本项目主要介绍了几种形体训练的方法，重点讲解了形体塑造的基本练习方法，如形态、把杆、立脚尖、华尔兹等基本形体练习的规范要求。通过形体塑造，力求在全面锻炼的基础上，有目的、有意识地加强职业性形体训练，促进个人形象的提升，养成良好的锻炼习惯，树立"形体和形象相互塑造"的新观念，全面提高学生的综合素质。

【思考题】

1. 如何检查与评价自己的形体？
2. 如何根据自己的体形特点进行自我的形体塑造？
3. 在把杆练习时应注意什么？
4. 制订一套适合自身的形体塑造计划，并总结锻炼实效。

【讨论】

个人气质和魅力是不是天生的？经过长期的锻炼，是不是可以培养优雅的气质，展现个人魅力，塑造成功的职业形象？

【技能训练标准】

实训学时	2 学时
实训的方法和手段	1. 示范讲解、分组练习、纠正预防、反复练习法结合，表演法和观摩法相结合。 2. 让学生独立思考、大胆练习及体会此技能和技巧等。 3. 通过专项形体训练，塑造优美体形，增强动作的协调性、灵活性、节奏感。实现手和步伐向身段组合技巧发展
实训的要求和标准	要求：认真听课，深入体会，明确任务，树立信心，按标准完成任务。 标准：1. 正确的站势、坐姿、步态控制练习。 2. 把杆、立脚尖训练时收腹、挺胸立腰、立背紧臀，双肩后张下沉；下颌略回收，头向上顶，脚跟、腿、臀、两肩自然下垂。 3. 华尔兹基本步伐与舞步练习时，步态自如、轻盈、矫健、敏捷。收腹挺胸是保持步态美的关键，步行要有节奏
任务考核	1. 学生分组练习，在教师指导下反复训练，形体姿态展示表演。 2. 课堂提问、讨论，根据表现姿态，由老师和同学组成评委，进行现场打分。 3. 分别对每个小组和个人按评分要求打分，最后评出总分
任务布置	通过局部到整体的综合训练，使学生身体的不同部位分别具有一定的开度、软度、延伸、收紧、放松、柔韧、力量、控制等，把身体的各部位充分"解放"出来，使之处于自控、自如的状态，才能顺利地进入舞蹈美感的训练

项目三　表情礼仪训练

项目三　表情礼仪训练

【训练目标】

通过表情的训练，要求眼神、微笑要自然、大方，活跃脸部肌肉，使肌肉充满弹性，丰富自己的表情，充分表达思想感情，练就炯炯有神的、神采奕奕的、会"说话"的眼神。

【训练要点】

1. 掌握正确的微笑礼仪和眼神礼仪。
2. 能在各种场合正确运用微笑和眼神进行交流。

【过程控制】

讲授→示范→表情练习→观摩→纠正→创设情景→综合考核。

【技能要求】

试着用微笑化解矛盾，用微笑打动别人，用微笑塑造自我成功的形象。正确地运用表情表达，增进人际沟通与交流的能力，为深入沟通与交往创造和谐、温馨的良好氛围。

【训练口号】

举手不打笑脸人。笑吧，尽情地笑吧！笑对自己，笑对他人，笑对生活，笑对一切！眼睛是心灵的窗口。

【案例导入】

令人尴尬的"微笑"

25岁的陈芳因为令人尴尬的微笑表情而惹恼了客户。陈芳在用微信跟客户联系时，发了几次微笑表情，没想到就接到了客户的来电。对方在电话里很生气，表示如果有情绪可以说出来，不要这么阴阳怪气。陈芳也费了很多精力跟对方解释。"从那之后我就再也没有给对方发微笑表情了，怕引起误会。"陈芳说。

沟通中哪些语言让你觉得不适？

[评点] 表情一定程度上能让网络交流更多姿多彩，但简单的表情往往难以诠释深层次的情感，如果因此造成误会，需及时用语音沟通，让对方能通过语气感受到你的真实态度，便更容易化解误会。当然，人与人交流中，不应该太过敏感，千万别以表情来判断对方的态度。

任务一　微笑礼仪训练

微笑表示友好、礼貌、自信、赞同、认可。微笑给人良好的第一印象，促使人际交流顺利进行，可以有效化解交往矛盾，是人际交往中最重要也是最基本的礼仪。

一、口型与微笑

口型都是由两片嘴唇的曲线构成的，但各自不同，概而论之可分为五种：扁形口型、阔口型、圆形口型、上弯形口型、下弯形口型。

标准的微笑：上翘嘴角，双颊肌肉上抬，露出6～8颗牙齿。练习时面对镜子或每人准备一面小镜子，伴着音乐进行练习。但在特别严肃的场合或遇上悲伤的事情，就得收回微笑。

二、微笑的种类及特性

（一）微笑的种类

1. 自信的微笑

这种微笑充满着自信和力量，一个人在遇到困难或危险时，若能微笑以待，那一定会使人相信他能够冲破难关。

2. 礼貌的微笑

这种微笑像春风化雨，滋润人的心田。一个懂得礼貌的人，会将礼貌当作礼物，慷慨地赠予他人。

3. 真诚的微笑

这种微笑是人性化的、发自内心的、真实感情的自然流露，表现对别人的尊重、理解、同情。

4. 友善的微笑

这种微笑是亲近和善的、友好的、原谅的、宽恕的、诙谐的轻轻一笑。

5. 喜悦的微笑

它是成功或胜利后的高兴、愉悦心情的自然流露。

6. 礼仪的微笑

它是陌生人相见微微点头的招呼式、应酬式的笑容，包括平时谦恭的、文雅的、含蓄的、深沉的或带有其他礼仪成分的浅笑。

7. 职业的微笑

服务行业或其他一些临时性宣传、表演职业，保持微笑是起码的要求。无论心情好坏，无论自己有没有微笑的动因，都需要自觉地面带笑容，这是领导的要求、职业的需要，长期也可能形成习惯。有时竞技场上负于对手，也需要高雅的职业姿态的微笑。

💡 **提示指导**

微笑的魅力

微笑可以促进有效沟通。人的感情是非常复杂的，表现在面部有喜、怒、哀、乐等多种形式。其中，"笑"在人际交往中有着突出的作用。微笑可以表现出温馨、亲切，能有效地缩短双方的距离，给对方带来美好的心理感受，从而形成融洽的交往氛围，也可以化解矛盾。微笑是人际交往中的润滑剂，是广交朋友、化解矛盾的有效手段。

［技能训练］

1. 在你看来，微笑是什么？请用一句准确的话语来诠释。
2. 围绕"微笑"这个主题发表演讲。要求：观点明确，事例典型，有说服力；适当运用表达技巧，表达富有感染力。

（二）微笑的特征

（1）微笑不分高低贵贱，不分雅俗，凡是智力正常的人皆可有之。

（2）微笑不用投入，无需成本，没有价码，更不是商品，因此它无法进行真正意义上的买卖，无法租借、无法偷盗，它是人自然生成、自然消失、十分神秘的临时性表情。

（3）微笑不用费神、不用耗力，时间短暂、回味悠长，内容复杂、说明深刻，是做来容易、保持却又很难的一种心情表达。

（4）微笑是给予别人、映衬自己的心灵语言，是人们感情上的美好，更是人与人之间的心领神会、互动感应。

三、微笑的禁忌

（1）假笑，即笑得虚假，皮笑肉不笑。

（2）冷笑，即含有怒意、讽刺、不满、无可奈何、不屑一顾、不以为然等意味，是容易使人产生敌意的笑。

（3）怪笑，即怪里怪气、令人心里发麻的笑，多含有恐吓、嘲讽之意。

（4）媚笑，即有意讨好别人，而非发自内心，具有一定功利和目的的笑。

（5）怯笑，即害羞、怯场，不敢与他人交流视线，甚至会面红耳赤的笑。

（6）窃笑，即偷偷的洋洋自得或幸灾乐祸的笑。

（7）狞笑，即凶恶的笑，多表示愤怒、惊惧、恐吓。

四、微笑模式训练五法

训练的主要目的是寻找最佳微笑模式，欣赏并掌握其感觉，以便日后运用。

1. 拇指法

双手四指轻握，两拇指伸出，呈倒八字形，以食指关节轻贴颧骨附近；两拇指肚向上，放于嘴角两端1厘米处，轻轻向斜上方拉动嘴唇两角；反复多次，观察寻找到满意的微笑感觉状态后，强化记忆。或双手上指轻握，两拳手背向外放于唇下方；两拇指伸出，两拇指肚放在唇角处，斜上方向内轻拉动。反复动作，寻找满意位置。

2. 食指法

轻握双拳，两食指伸出呈倒八字形，放于嘴唇两角处，向斜上方轻轻拉动嘴角，并寻找最佳位置。或双手轻握，伸出食指；两拳相靠放于下巴下方，两食指放在嘴角两端，向斜上方轻轻推动。反复推动多次，直到找到满意位置为止（图3-1）。

3. 中指法

两中指伸开，其余四指自然收拢，半握；两中指肚放在嘴角两侧，轻轻向斜上方拉动。反复多次，寻找微笑的感觉。

4. 小指法

两小指伸出，其余四指自然收拢，半握；两小指肚放在嘴角两侧，轻轻拉动嘴角。反复多次，直到找到满意的微笑为止。

5. 双指法

双手拇指食指伸开，其余三指轻轻握拢；用两拇指顶在下巴下

图3-1　食指法

面；两拇指内侧面放在嘴角处，向斜上方轻轻推动，反复多次，直到满意为止。

或双手拇指食指伸开，其余三指轻轻握拢；将两食指按放在两眉上外端；两拇指内侧面放在嘴角处，向斜上方轻缓拉动。反复多次，直到满意后，定格欣赏，再留存记忆中。

五、"三度"微笑训练

（1）"一度"微笑：双手向两侧轻轻拉嘴角，摆出普通话"一"音的口型。注意用力抬高嘴角两端，下唇迅速与上唇并拢，不要露出牙齿，只动嘴角练习微笑。

（2）"二度"微笑：从"一"的音过渡到普通话"一""七"音的口型，用力抬高嘴角两端和颧骨两端，下唇迅速与上唇并拢到不露齿的程度练习微笑。

（3）"三度"微笑：摆出普通话"钱"音的口形，露出6～8颗牙，会心地、发自肺腑地微笑练习，眼睛也笑一点，保持这个表情20秒。

六、微笑实训步骤和方法

（1）发"一""七""茄子""田七""钱""威士忌""呵""哈"等音的练习，使面部露出微笑，并纠正。

（2）同学之间诱导性、引导、启发、面对面练习微笑，并相互纠正。

（3）上扬嘴角10秒后，恢复原状，隔3秒再次上扬，如此重复3次练习微笑。

（4）唱歌练习微笑，大声小声唱歌，都能表现出喜悦心情的，也会露出微笑。

（5）伴着优美的音乐，老师传授要领，学生每人一面小镜子，自己对着镜子听口令，放松嘴唇周围肌肉练习微笑，发"哆来咪"练习，从低音"哆"开始，到高音"咪"，注意嘴型，大声地跟老师清楚地说3～5次每个音（图3-2）。

（6）用筷子训练，用牙齿轻轻横咬住它，嘴角向两侧拉，两边都要翘起，要求连接嘴唇两端的线与筷子在同一水平线上，在这种状态下保持8～10秒，然后轻轻地拔出筷子之后，练习合适的"微笑"口形（图3-3）。

图 3-2　对镜练习　　　　　　图 3-3　筷子训练法

（7）把手举到脸前，双手按箭头方向做"拉"的动作，向斜上方轻轻推动。反复推动多次，一边想象高兴的事，一边使嘴笑起来，直到找到满意的微笑状态为止（图3-4）。

（8）把手放到嘴角并向脸的上方轻轻上提，一手上拉，一手使嘴充满笑意。慢慢地使肌肉紧张起来，把嘴角两端一起往上提，给上嘴唇拉上去的紧张感。露出上门牙8颗左右，眼睛也笑一点。保持 10 秒后，恢复原来的状态并放松（图 3-5）。

图 3-4　拉动作　　　　　　　　　　　　图 3-5　提动

训练忌讳：
（1）不要笑过了头，过头嘴会咧得太大，给人一种傻乎乎的感觉。
（2）不要出现皮笑肉不笑的现象，克服这种现象的最有效办法就是态度要真诚。

任务二　目光语训练

目光语，又称眼神。眼睛是心灵的窗户，是面部表情的核心，人们可以通过视线的接触来传递信息。眼神指的是人们在注视时，眼部所进行的一系列活动以及所呈现的神态。眼神能表达一个人的思想感情和对人及事物的倾向性，而且人们普遍对目光语具有一定的解读能力。

一、眼神训练

1. 目光平视

微笑时要敢于正视对方，表现自然、自信和自尊，不能左顾右盼或有羞涩之感；要面对客人平视，不可斜视。

2. 注视时间

在交谈时，大部分时间应看着对方，正确的目光应当是自然的，注视对方眉骨与鼻梁三角区，不能左顾右盼，也不能直盯着对方，视线接触对方的时间通常占全部交谈时间的 30%～60%，一次约 3 秒以内。过长会被认为对对方本人比对其谈话内容更感兴趣；过短则相反。

（1）表示友好。应不时注视对方，占全部相处时间的 1/3 左右。
（2）表示重视。应不断把目光投向对方，占全部相处时间的 2/3 左右。
（3）表示轻视。目光经常游离对方，注视的时间不到全部相处时间的 1/3。
（4）表示敌意或感兴趣。目光始终盯在对方身上，偶尔离开一下，注视时间占全部相处时间 2/3 以上，可以视为有敌意或者也可以表示对对方感兴趣。

3. 目光语的常见表现形式

（1）平视，常用于普通场合与身份、地位平等的人进行交往。表示"思考""理性""评价""客观"和"理智"等含义。
（2）侧视，位于对方侧面时，面向并平视对方，若为斜视对方，则为失礼。
（3）仰视，表示尊重、敬重对方。多用于晚辈对长辈、下级对上级之间。

（4）旁视，视线斜行，可能表示"怀疑、疑问"的意思。单纯的旁视，一般用来表达非正面的情绪，如"轻视""敌意""厌恶""不经心"等。

（5）盯视，是不礼貌的；而把目光死盯着对方某一部位，也是失礼的。

【思考】

不同场合下目光注视有哪些不同？注视的位置与传达的信息和造成的气氛都有密切的关系，不同场合、不同对象，其注视区域是有讲究的吗？

4. 注视的部位

（1）注视双眼。表示自己重视对方。

（2）注视额头。表示严肃、认真、公事公办。

（3）注视眼部至唇部。表示友好、亲切。

（4）注视唇部到胸部。多用于关系密切的男女之间，表示亲密、友善。

二、眼神的注意事项

在注视时要注意以下三个主面：第一，注视部位，近距离时要看对方的眼睛和头部，不要看中间和下面，要正视，不要上下打量；第二，注视时间，注视时间太长和太短都是失视的，一般看 1/3～2/3 的时间；第三，注视方向，表示认可、同意等看着对方。

> **提示指导**
>
> 看人不能盯视、旁视、上下打量，与人谈话的注视时间是交谈时间的30%～60%。表情要自然、温和，不要咄咄逼人，应做到和颜悦色。不要用一张冷冰冰的脸待人。看到长相特别的人时，不要肆无忌惮地凝视对方。用睁大眼睛、转动眼球、拉长提高眼角进行训练。

三、不同场合下目光注视有哪些不同

1. 公务注视区

范围一般是：以两眼为底线，以前额上端为顶点所形成的三角区间。注视这一区间能造成严肃认真的效果。多采用于商务谈判、外事交往和军事指挥。

2. 社交注视区

范围一般是：以两眼为上线，以下颌为下点所形成的倒三角区间。注视这一区间容易出现平等的感觉，让对方感到轻松自然，从而创造良好的氛围。多用于日常社交场合。

3. 亲密注视区

位置是对方的眼睛、双唇和胸部。注视这些位置能激发感情，表达爱意，是具有亲密关系的人对话时的注视区间。不同场合下的目光注视区如图3-6所示。

4. 目光接触的技巧

目光应该是坦诚、亲密、和蔼、有神。

（1）视线向下，表示服从和任人摆布。

（2）视线向上，表示权威感和优越感。

（3）视线水平，表示客观和理智。

四、微笑与眼神训练的基本要求

1. 微笑和眼睛的结合

在微笑中，眼睛的作用十分重要，眼睛是心灵之窗，眼睛具有传神传情的特殊功能。只有笑眼传神，微笑才能扣人心弦、情真意切。要感受如何使你的眼睛微笑，站在镜子前对着镜子练习，注意力集中在你的眼睛上。使用一张纸遮住你面部的下半部分将有助于你的练习。通过这些小举措，你会发现可以令你的嘴笑但你的眼睛是没有笑容的；同样你也可以仅仅用眼睛微笑。当你的眼睛确实在笑的时候，记住肌肉的感受及其如何工作。通过练习，你将最终学会用眼睛配合着微笑。

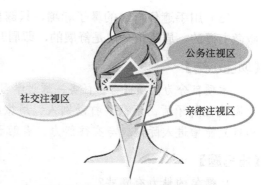

图 3-6　不同场合下的目光注视区

2. 微笑和神、情、气质的结合

"神"是有情入神，笑出精神、神色、神态，做到情绪饱满，神采奕奕。

"情"是笑出感情，笑得情切、甜美。

"气质"是体现出谦虚、稳重、大方和得体的良好气质。

3. 微笑和仪表、仪态的结合

得体的仪态，端庄的仪表，再配以适度的微笑，就会形成完整和谐的美，给人以享受。

4. 微笑和语言的结合

语言和微笑都是传播信息的重要因素，只有做到二者的有机结合，才能相得益彰，微笑服务才能发挥出它的特殊功能。

五、目光语实训步骤和方法

（1）伴着优美的音乐，老师边讲解要领边示范边带领学生进行练习，学生每人持一面小镜子，自己对着镜子听口令练习。

瞪：全身放松，眼睛瞪大往远看，紧盯一个点，不要眨眼，练 5～10 分钟放松。再反复练习。

转：头不动，眼珠按顺时针方向转，再逆时针转，速度由慢到快，循序渐进。

追：眼睛瞪大不眨，盯着追踪物练习。

激：悬一小而轻的物体，与眼同高，让其摆动，向眼睛部位轻击，随物的运行轨迹转动眼睛，击到眼睛也不眨，这是第一步；而后可以找一同伴戴拳击套对你攻击，你不还手，他专击你头部，但不发力，你紧盯他的拳，待每一拳到你眼前 1 寸处时，你突然应变，或躲或挡。

（2）面对镜子，眼皮瞳孔开合练习。

（3）手张开举在眼前，手掌向上提并随之展开，随着手掌的上提、打开，使眼睛一下子睁大有神。

（4）同学之间保持 1.5 米距离，用眼神表示愤怒、怀疑、惊奇、不满、害怕、高兴、感慨、遗憾、爱不释手等，互相检查眼神是否运用得准确。

(5) 用手遮住自己的鼻子和嘴,只露出眼睛,练习让自己的眼睛笑起来。这时眼角是微微上提的,眉头也一定是舒展的,即眉开眼笑。

【项目小结】

本项目分为两项任务,任务一通过学习掌握正确的微笑礼,学会用微笑和眼神进行交流。用微笑化解矛盾,用微笑打动别人,用微笑塑造自我成功的形象。任务二正确地运用表情和目光能增进人际沟通与交往能力,有助于建立良好的自信心,顺利实现双方的有效沟通。

【思考题】

1. 微笑的魅力有哪些?
2. 职场人员正确的微笑应当是怎样的?
3. 你在日常交往中如何应用好微笑?
4. 亲切的目光应当是怎样的?
5. 眼神在职场中的作用有哪些?

【讨论】

小李经过一周的饭店工作岗位训练,被分配到了客服部。第一天上岗,她就接受了迎宾任务,小李很想好好表现一下。贵宾走到饭店门口,她很热情地微笑接待,在接待过程中,她眼睛随着手势,带领贵宾入席,自始至终都用自己的神态表情向客人表示欢迎。

你认为小李的这些做法对吗?

【技能训练标准】

实训学时	1 学时
实训的方法和手段	情绪回忆法、口型对照法、牙齿暴露法。学生根据具体任务统一听教师口令对镜练习眼部操分解,互相监督观察训练,分组操作比赛练习
实训的要求和标准	微笑的要求:能熟练掌握运用微笑技巧,充分体现微笑和微笑服务的美感。 标准:面部表情和蔼可亲,伴随微笑自然地露出6~8颗牙齿,嘴角微微上翘,微笑注重"微"字,笑的幅度适中;要真诚、甜美、亲切、充满爱心。 眼神要求:能熟练地掌握和运用微笑技巧,充分体现微笑和眼神的结合。 标准:1. 面带微笑注视对方的公务注视区间(额头眉心处三角区)。 2. 在交谈时眼神停留时间占总交流时间的三分之二以上,并配合点头示意、微笑回答等动作,表达会意和敬意
任务考核	各组编排迎送客人的情景剧,内容、场景、台词都要各组设计,按照角色分配迎接客人时、送别客人时展示出的微笑和眼神的协调。 要求:动作规范。 1. 面对顾客时目光柔和、眼神和蔼有神,自然流露真诚。 2. 微笑和眼睛正视顾客时目光聚集在客人脸上。 3. 在交流时,眼神充满敬意并配合微笑及点头会意等动作。 评价练习规范程度,给出分值
任务布置	课后二人一组练习微笑,互相观察并进行纠正

项目四　姿态礼仪训练

【训练目标】

通过姿态训练，引导学生正确掌握站姿、坐姿、行姿、蹲姿的具体要求，从而在生活中有意识地训练自己的站姿、坐姿、行姿、蹲姿，以展现内心的自信、蓬勃的朝气和振奋的精神，给人以美感，打造美好的高素质的职业形象。

【训练要点】

1. 重点掌握站姿、坐姿、行姿、蹲姿在正式场合的应用。
2. 能正确地把站姿、坐姿、行姿、蹲姿运用到日常生活中。

【过程控制】

讲授→示范→姿态练习→观摩→纠正→创设情景→综合考核。

【技能要求】

举止端庄稳重，落落大方，自然优美。

【训练口号】

"站如松，坐如钟，行如风"，让你的举止、形态和谐得像一支动人的旋律，带给人意气风发、朝气蓬勃的快感！

【案例导入】

另谋高就

一次，某公司招聘文秘人员，由于待遇优厚，应者如云。中文系毕业的小杨同学前往面试。她的背景材料可能是最棒的：大学四年中在各类刊物上发表了3万字的作品，还为六家公司策划过周年庆典，英语表达也极为流利。小杨五官端正，身材高挑、匀称。

面试时，招聘者拿着她的材料等她进来。小杨穿着迷你裙、露脐装，涂着鲜红的唇膏，走到考官面前，不请自坐，随后跷起了二郎腿，笑眯眯地等着问话。孰料，三位招聘者互相交换了一下眼色，主考官说："杨小姐，请下去等通知吧。"

思考：小杨应聘为什么会失败？她在仪态礼仪方面有什么问题？

[评点]

小杨不能被录取，因为她缺少面试的基本礼仪。具体说来，她的失礼表现在：

1. 服装过于时髦和前卫，不正式，不庄重，给人轻浮的感觉。
2. 化妆过于浓艳和夸张。
3. 举止过于随意，不文明，不优雅。"不请自坐"和"跷起了二郎腿"等让人感觉缺少基本涵养。

姿态，又称"仪态""体态"，是指人的身体姿态、举止和风度。包括站姿、走姿、坐姿、蹲姿等方面。姿态是身体所表现的样子，风度则是内在气质的外在表现。人们可以通过自己的仪态向他人传递个人的学识与修养，并能够以其交流思想、表达感情。姿态的基本要求是：举止端庄稳重，落落大方，自然优美。

项目四 姿态礼仪训练

任务一　掌握端庄的站姿

俗话说："坐如钟，站如松。"站姿是人的一种本能，是一个人站立的姿势，它是人们平时所采用的一种静态的身体造型，同时又是其他动态的身体造型的基础和起点，最易表现人的姿势特征。在交际中，站立姿势是每个人全部仪态的核心。如果站姿不够标准，其他姿势便谈不上什么优美。

一、标准站姿

展示：自信、诚实可靠、脚踏实地。
要求：站直、挺拔、端庄。

1. 男士标准站姿

标准站姿的关键要看三个部位：一是髋部向上提，脚趾抓地；二是腹肌、臀肌收缩上提，前后形成夹力；三是头顶上悬，肩向下沉。这三个部位的肌肉力量相互制约，才能保持标准站姿。根据这个要求，男士站立时，身体要立直，挺胸抬头，下颏微收，双目平视，两膝并严，脚跟靠紧，脚掌分开呈"V"字形。挺髋立腰，吸腹收臀，双手置于身体两侧自然下垂。或者两腿分开，两脚平行，不能超过肩宽，双手在身后交叉，右手搭在左手上，贴在臀部。如图4-1所示。

> 💡 **提示指导**
>
> 在正式场合，站立时不能双臂抱在胸前或者两手插入口袋，也不能身体东倒西歪或倚靠其他物体。因为每个人在下意识里都有一个个人空间，若走得太近，会使对方有被侵犯的感觉，所以在正式场合与人交谈时，不要与人站得太近，应尽量保持一定的距离。

2. 女士标准站姿

女生的主要站姿为双腿基本并拢，脚位与服装相适应。穿紧身短裙时，脚跟靠近，脚掌分开呈"V"状或"Y"状；穿礼服或旗袍时，可双脚微分，展示出秀雅大方、姿态优美的贤良淑女形象。女生不论在什么时候、场合站立时，都要注意身体重心应尽量提高，两腿贴紧，脚尖分开或者摆小"丁"字形，可以自然变换站立的姿势。"丁"字步站姿可以巧妙掩饰"O"形腿女生的缺点，并使腿和脚看起来更加纤细。女子应显得庄重大方，亲切有礼，秀雅优美，亭亭玉立。身体重心在两足中间脚弓前端位置；手自然下垂（图4-2）。

二、职场礼仪的站姿

1. 男士优美的站姿

男士优美的站姿如图4-3所示。

图 4-1　男士标准站姿　　　图 4-2　女士标准站姿

(a) 前合手式　　　(b) 后合手式　　　(c) 单臂前屈式　　　(d) 单臂后屈式

图 4-3　男士优美站姿

2. 女士优美的站姿

女士优美的站姿如图 4-4 所示。

（1）垂手式站姿：标准立正姿态。

（2）前合手式站姿：身体直立。两脚尖略展开，一脚在前，且脚后跟靠近另一脚内侧前端，重心可于两脚上，也可于一只脚上，通过重心的转移减轻疲劳，双手仍在腹前交叉。

（3）后合手式站姿：脚跟并拢，脚尖展开 60 度至 70 度。挺胸立腰，下颌微收，双目平视，两手在身后相搭，贴在臀部。

（4）单臂前屈式站姿：两脚尖展开 90 度，右脚向前，将脚跟靠于左脚内侧中间，右手臂下垂，左臂肘关节屈，左前臂抬至横膈膜处，左手心向里，手指自然弯曲，成左前手站姿。同样，相反的脚位和手位可站成右前手站姿。

（5）单臂后屈式站姿：两脚尖展开 90 度，左脚向前，将脚跟靠于右脚内侧中间位置。成左丁字步，身体重心于两脚上。右手背后，左手下垂，成右背手站姿。相反，站成右丁字步，背左手，右手下垂，成左背手站姿。

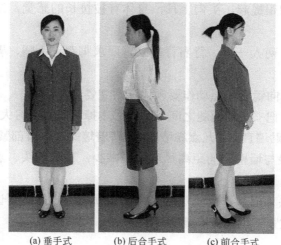

(a) 垂手式　　(b) 后合手式　　(c) 前合手式

图 4-4　女士优美站姿

3. 纠正不正确的站姿

（1）歪脖，斜腰，屈腿；身躯歪斜，弯腰驼背，趴伏倚靠，半坐半立。
（2）身体抖动或晃动，腹部鼓起。
（3）双腿大叉或交叉，脚位、手位不当。
（4）手叉腰，双手交叉抱在胸前，将手插在衣服、裤袋。
（5）做小动作、玩弄小物品等。

> **提示指导**
>
> 如何才能站直呢？挺胸抬头，下颏微收，收腹提臀。站直的时候耳际线应与脚踝骨在一条直线上。也就是说，头、背、臀、脚在一条直线上。
> 禁忌叉腰，两手抱胸，手插入衣袋，搓脸、弄头发，身体倚靠物体歪斜站立，身体晃动、脚抖动等。

男士和女士站姿的对比如表 4-1 所示。

表 4-1　男士和女士站姿的对比

男士	女士
身体：挺胸收腹，下颏微收，颈、腰、背、腿挺直	
双手：右手在上，左手在下，虎口交叉，置于腹前	右手微握，左手指直，手遮带扣，双臂平放
脚跟并拢，脚尖分开，呈 45 度	右（左）脚在前，左（右）脚在后，站丁字步
禁止双手交叉、抱胸或双手插兜、歪头驼背、倚壁靠墙、东倒西歪等不良站姿	

三、站姿实训步骤和方法

（1）腰板挺直，两手自然交叉放在前面，面带笑容站立训练。

（2）提踵训练：脚跟提起，头向上顶，身体有被拉长的感觉，注意保持姿态稳定，练习平衡感。

（3）背靠背训练：两人一组，背靠背站立，要求脚跟、小腿、臀部、双肩、后脑勺都贴紧。

（4）对镜训练：面向镜子按照动作要领体会站立姿势。

（5）夹书本训练：把书夹在两腿之间，不使书本掉下来，练习大腿、小腿的直立。

（6）背贴墙训练：贴墙直立（九点靠墙法），背着墙站直，背部紧贴墙壁，然后后脑勺、肩、腰、臀部及脚后跟与墙壁间的距离尽可能地减少，让你的头、肩、臀、腿之间纵向连成直线。

（7）顶书训练：头顶书本，也就是把书放在头顶上行走，不要让它掉下来。那么你会很自然地挺直脖子，收紧下巴，挺胸挺腰。

任务二 掌握优雅的坐姿

坐是日常姿态的主要内容之一，优雅的坐姿会给人以文雅、稳重、自然大方、精神振奋、朝气蓬勃的美感，能传达自信练达、积极进取、尊重他人的信息和良好风范。正确而优雅的坐姿是一种文明行为，它既能体现一个人的形态美，又能体现行为美。正确的坐姿要求是"坐如钟"，即坐相要像钟一样端正。

一、标准的坐姿

展示：姿态美，行为美。
要求：文明、优雅。

1. 入座

入座时走到座位前，一般从左侧入座，背对座椅，右腿后退一点，用小腿确定座椅的位置，上身正直，目视前方。入座时要轻、稳、缓。如果椅子位置不合适，应先把椅子移至欲就座处，然后入座，一般是坐椅面的三分之二。女士着裙装入座时，应用手将裙子稍稍拢一下，不要坐下后再拉拽衣裙，那样不优雅。

> 💡 **提示指导**
>
> 注意顺序，讲究方位（左进左出），落座无声，入座得法。入座后不可双手叉腰或交叉在胸前，腿脚不可晃动。女士入座时，若着裙装，先拢一下裙子，不可跷二郎腿，切忌大腿分开或腿脚晃动。从入座开始展现自己的风度。

2. 手的摆放

入座后，应保持上体自然挺直，自然挺胸收腹，双目平视前方，面带微笑。双手应掌心向下，两肩平正放松，两臂自然弯曲叠放于大腿之上，或是放在身前的桌面、椅子或沙发扶手之上。侧坐之时，双手以叠放或相握的姿势放置于身体侧向的那条大腿上，则最为适宜。

3.腿的放置

双腿自然并拢，上体与大腿、大腿与小腿呈90度。两脚平落地面，不宜前伸。在正式社交场合，要求男性两腿之间可有一拳的距离，女性两腿并拢无空隙。在日常交往场合，男性可以跷腿，但不可跷得过高或抖动；女性大腿并拢，小腿交叉，但不宜向前伸直。

> **提示指导**
>
> 在别人面前落座时，一定要遵守律己敬人的基本规定，不要采用犯规的坐姿。注意先后，起身缓慢，站好再走，从左离开。

4.离座

坐在椅子上时，头要正，表情自然亲切，目光柔和平视，嘴微闭。离座时，要自然稳当，右脚向后收半步，然后轻缓起立，站稳后再离开，如图4-5所示。

图4-5 离座

5.标准坐姿的具体规范

（1）男士标准的坐姿。一般从椅子的左侧入座，紧靠椅背，挺直端正，不要前倾或后仰，双手舒展或轻握于膝盖上。男士穿西装时应解开上衣纽扣。一般正式场合，可将双腿分开间隔一个拳头的距离，双腿略向前伸，如长时间端坐，可双腿交叉重叠，但要注意将上面的腿向后回收，脚尖向下。在日常交往场合，男性可以跷腿，但不可跷得过高或抖动。脚位禁忌：分腿、前伸、平放；一腿弯曲，一腿平伸；采取二郎腿脚位时，双腿不停地抖动；双脚或单脚抬放在椅面上。手位禁忌：双手抱头；双手叉腰；双手后背。男士标准坐姿如图4-6所示。

（2）女士标准的坐姿。女子就座时，双脚交叉或并拢，入座前应先将裙角向前收拢，两腿并拢，双脚同时向左或向右放，双手轻放于膝盖上，嘴微闭，面带微笑，两眼凝视说话对象。如长时间端坐，可将两腿交叉重叠，但要注意上面的腿向后回收，脚尖向下。女士最好不要分腿而坐，因为这样显得不够雅观，同样，腿部倒"V"字式也是不提倡的。女士若穿裙装，应有抚裙的动作。一般来说，在正式社交场合，要求女性两腿并拢无空隙。两腿自然弯曲。两脚平落地面，不宜前伸。在日常交往场合，女性大腿并拢，小腿交叉，但不宜向前伸直。女士标准坐姿如图4-7所示。

 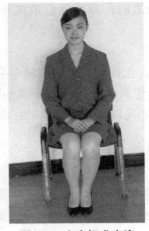

图 4-6　男士标准坐姿　　　　图 4-7　女士标准坐姿

二、职场礼仪的坐姿

1. 入座离座练习

（1）一步练习法

① 右脚退后半步；

②（女生捋裙）平稳坐下；

③ 收回左脚，与右脚相并；

④ 落座。

（2）二步练习法

① 右脚退后半步；

② 左脚收回；

③（女生捋裙）平稳坐下；

④ 落座。

（3）三步练习法

① 左侧站立；

② 左脚向前迈一步；

③ 右脚向椅前迈一步；

④ 左脚向右脚靠拢；

⑤（女生捋裙）平稳坐下；

⑥ 落座。

（4）四步练习法

① 左侧站立；

② 左脚向前迈一步；

③ 右脚跟着向前迈一步；

④ 右脚向右侧椅前迈一步；

⑤ 左脚向右脚靠拢；

⑥（女生捋裙）平稳坐下；

⑦ 落座。

2. 优雅的坐姿规范

（1）端坐式（标准式）：男女皆有。收腹挺胸，立腰紧膝，开肩梗颈，双腿呈"V"形并垂直于地面，双手自然下垂，目视前方，面带微笑。

（2）前置式：男女皆有。两小腿向前置45度，脚尖不可跷起，双手交叉置于腹前，其他姿势与端坐式坐姿相同。

（3）脚恋式：女士专有。两脚于脚踝处交叉，两脚前端外侧着地，其他姿势与双腿前置式坐姿相同。

（4）伸屈式：男女皆有。两大腿靠紧，左腿伸出，脚尖绷直，右脚掌着地。其他姿势与双腿前置式坐姿相同。

（5）侧点式：女士专有。这种坐姿的要求是：两小腿向左斜出，两膝并拢，右脚跟靠拢左脚内侧，右脚掌着地，左脚尖着地，头和身躯向左斜。注意大腿小腿要呈90度，小腿伸直，显示小腿长度。

（6）侧挂式：女士专有。这种坐姿的要求是：在侧点式基础上，左小腿后屈，脚绷直，脚掌内侧着地，右脚提起，用脚面贴住左踝，膝和小腿并拢，上身右转。

（7）前交叉式：男女皆有。这种坐姿的要求是：在前置式基础上，右脚后缩，与左脚交叉，两踝关节重叠，两脚尖着地。

（8）后点式：女士专有。这种坐姿的要求是：两小腿后屈，脚尖着地，双膝并拢。

（9）重叠式：男士专有。重叠式也叫"二郎腿"或"标准式架腿"等。这种坐姿的要求是：在标准式基础上，两腿向前，一条腿提起，腿窝落在另一腿膝上。要注意上边的腿向里收，贴住另一腿，脚尖向下。

（10）垂腿开膝式。多为男性所使用，也较为正规。要求上身与大腿、大腿与小腿，皆呈直角，小腿垂直地面。双膝分开，但不得超过肩宽。

3. 优雅的坐姿练习

① 女士优雅坐姿的练习如图4-8所示。
② 男士得体坐姿的练习如图4-9所示。

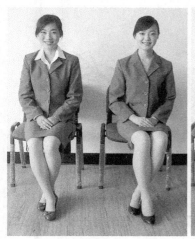  

(a) 脚恋式　　　　　　　　(b) 伸屈式　　　　　　　　(c) 侧挂式

图 4-8

(d) 左侧式

(e) 后点式

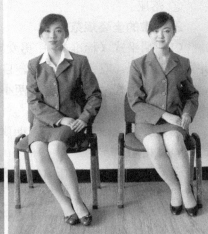
(f) 侧身叠式

图 4-8　女士优雅的坐姿

(a) 重叠式前交叉式

(b) 开关式前交叉式

图 4-9　男士得体的坐姿

4. 不正确的坐姿

不正确的坐姿有以下几种（图 4-10）。

图 4-10　不正确的坐姿

① 坐时将双手夹在双腿之间或放在臀下。

② 将双臂端在胸前或抱在脑后。

③ 将双腿分开得过大，或将脚伸得过远，把脚叠成"4"字形或架在桌子上，架起二郎腿晃悠，或不停地抖动、摇晃双腿。

④ 全身完全放松，瘫软在椅子上。

⑤ 头昂在沙发或椅子后面，臀部溜到椅子边缘，双脚跷起或伸直。
⑥ 弯腰驼背，全身挤成一团。
⑦ 在落座或离座时，碰倒杯子，踢倒椅子，打翻了东西，弄出声响。
⑧ 与人交谈时坐得太深，靠在椅背上。
⑨ 叉开双腿倒骑在椅子上。
以上都是不雅的坐姿，给人以懒散、缺乏教养的印象。

5. 常规要求

（1）坐姿文明。
（2）起立相迎。站迎服务。
（3）入座顺序：优先尊长；平辈或亲人同事可同时入座。
（4）正式活动，注意看清座次安排。
（5）讲究方位：左进左出。

三、坐姿的训练步骤和方法

（1）入座起立。从椅子后面入座。如果椅子左右两侧都空着，应从左侧走到椅前。不论从哪个方向入座，都应在离椅前半步远的位置立定，右脚轻向后撤半步，用小腿靠椅，以确定位置。

就座姿势练习：
① 右脚退后半步。
② 女生右手抒裙，按规范动作下坐。
③ 平稳坐下。
④ 收回左脚，与右脚相并。
⑤ 控制两膝间的距离，男子以一拳为宜，女子则以不分开为好。

动作要求：
① 女子抒裙的动作要娴雅得体。
② 坐椅子的 2/3，起立时，速度平缓，既轻又稳。
③ 收回右脚，女生双脚呈"V"形，男生双脚分开而立，重心移至双脚之间。
④ 起立时右脚要用力蹬地，注意重心的移动过程。
⑤ 无论是坐或站立，都要保持上体端直。

（2）练习坐姿
① 手的摆放位置：两臂自然弯曲放在膝上，叠放在一条腿上或双腿之间。
② 腿的摆放位置：两腿自然弯曲，两脚平落地面，不宜前伸。
③ 脚的摆放位置：脚平落地面。

按规范的坐姿坐下，放上音乐练习。身体重心徐徐垂直落下，臀部接触椅面要轻，避免发出声响。进行不同情况下的各种坐姿训练时，重点强调上身挺直，双膝不能分开，用一张小纸片夹在双膝间，从始至终不能掉下来。

（3）面对镜子，按照动作的要领做不同姿势的坐姿练习，纠正和调整不良坐姿。
（4）老师统一发口令反复进行起立、就座及分解动作的练习。
（5）分组练习，要求组长负责，大家相互监督练习各种坐姿。

任务三 掌握自信的行姿

行姿指的是一个人在行走时所采取的具体姿势。在很多时候，行姿又称为走姿。走姿是展现人类动态美的重要形式，正确的走姿，能走出风度，走出优雅，走出美，更能显示出一个人的活力与魅力。

一、基本的走姿

展示：表现个人的风度、风采和自信、干练。
要求：稳健协调，轻盈自然。

上身正直，双肩平稳，挺胸收腹，提臀立腰。行走时，步伐稳健，步履自然，有节奏感，身体重心落于两脚，面带微笑，双臂以肩轴为中心随步伐前后自然摆动，摆幅以30～40厘米为宜。

二、标准的走姿

展示：表现个人的风度、风采和自信、干练。
要求：从容、平稳、直线。

正确的走姿应当身体直立、收腹直腰、两眼平视前方，双臂放松在身体两侧自然摆动，脚尖微向外或向正前方伸出，跨步均匀，两脚之间相距约一只脚到一只半脚，步伐稳健，步履自然，要有节奏感。起步时，身体微向前倾，身体重心落于前脚掌，行走中身体的重心要随着移动的脚步不断向前过渡，而不要让重心停留在后脚，并注意在前脚着地和后脚离地时伸直膝部（图4-11）。

图4-11 标准的走姿

（一）礼仪走姿基本要领

（1）行走时，上身应保持挺拔的身姿，双肩保持平稳，双臂自然摆动，幅度手臂距离身体30～40厘米为宜。

（2）腿部应是大腿带动小腿，脚跟先着地，保持步态平稳。

（3）步伐均匀、节奏流畅会使人显得精神饱满、神采奕奕。

（4）步幅的大小应根据身高、着装与场合的不同而有所调整。

（5）女性在穿裙装、旗袍或高跟鞋时，步幅应小一些；相反，穿休闲长裤时步伐可以大些，凸显穿着者的靓丽与活泼。女性在穿高跟鞋时尤其要注意膝关节的挺直，否则会给

图4-12 礼仪走姿基本要领

人"登山步"的感觉，有失美观。走路时双脚尽量走在同一条直线上，切忌八字或外八字；抬头、挺胸、精神饱满，不宜将手插入裤袋中；不可左右晃动，不宜左顾右盼（图4-12）。

> 💡 **提示指导**
>
> 男子的走姿应步伐稍大，步伐应矫健、有力、潇洒、豪迈，展示阳刚之美；女子的走姿则步伐略小，步伐应轻捷、娴雅、飘逸，体现阴柔之美。
>
> 穿高跟鞋走路时，鞋底经常发出踢踏声，这种声音在任何场合都是不文雅的，容易干扰他人，特别是在正式的场合，以及人较多的地方，尤其注意不要在走路时发出太大的声响。

（二）各种行姿

1. 后退步

与人告别时，不能扭头就走。应先向后退三步，再转体离去。退步时要轻擦地面，勿高抬小腿，后退步幅要小，两腿之间的距离不宜大，转体时要身先转，头稍后一些转。如果是未转身先转头，或是头与身同时转，均为不妥。

2. 引导步

引导步是用于走在前边给宾客带路的步态。引宾时，要尽量走在宾客的左侧前方，整个身体半转向宾客方向，左肩稍前，右肩稍后，保持两三步的距离。遇到上下楼梯拐弯进门时，要伸出左手示意，提示客人先上下。

3. 前行步

向前行步时，要保持身体直立挺拔。行进中与来宾或同事相互问候时，要伴随着头和上体向左或向右转动，并微笑点头致意，配以恰当的语言。切忌用眼睛斜视别人。

4. 侧行步

髋部朝着前行的方向，上身稍向右转体，左肩稍前，右肩稍后，侧身向着宾客，保持两三步的距离。可边走边向宾客介绍环境，需做手势时尽量用左手。

5. 前行转身步

在前行要转弯时，要在距所转方向远侧的一脚落地后，立即以该脚掌为轴，转过全身，然后迈出另一脚。向左转时，要右脚在前时转身，向右转时，要左脚在前时转身。

三、走姿的训练步骤和方法

（1）先双肩双臂摆动训练，要求摆动双臂以肩为轴，双手半握拳。

（2）训练走直线，在地面上画一条较长的直线，要求双脚落在线上。

（3）对着镜子练习行走，要求走的时候要注意自己的面部表情和身体的协调性。

① 摆臂。人直立，保持基本站姿。在距离小腹两拳处确定一个点，两手呈半握拳状，斜前方均向此点摆动，由大臂带动小臂。

② 展膝。保持基本站姿，左脚跟起踵，脚尖不离地面，左脚跟落下时，右脚跟同时起踵，两脚交替进行，脚跟提起的腿屈膝，另一条腿膝部内侧用力绷直。做此动作时，两膝靠拢，内侧摩擦运动。

③ 平衡。行走时，在头上放个小垫子或书本，用左右手轮流扶住，在能够掌握平衡之后，再放下手进行练习，注意保持物品不掉下来。通过训练，使背脊、脖子竖直，上半身不随

便摇晃。

三种体态语言的宜与忌，如表 4-2 所示。

表 4-2 三种体态语言的宜与忌

姿态	宜	忌
站姿	站直	无精打采站立
	脚保持安静	来回移动脚
	肩部放松	晃动身体
站姿	双臂垂于体侧	双臂抱胸
	头和下颌抬起	低头
坐姿	坐直	东歪西靠坐立不安
	两腿平放	两膝分开太远或跷二郎腿
	身体微微前倾	双脚不停地抖动
行姿	行走有目的性	脚步拖拉
	步伐坚定	步幅沉重迟缓
	弯腰捡东西时要屈膝	八字步、"鸭子步"

任务四 掌握美观大方的蹲姿

恰当地采用蹲姿会给人留下美好的印象。在日常生活中，人们对掉在地上的东西，一般习惯是弯腰和蹲下将其捡起，而作为办公白领对掉在地上的东西，像普通人一样弯腰蹲下捡起的姿势是不符合礼仪规范的。

一、蹲姿的基本要求

下蹲时，一脚在前，一脚在后，上体尽量保持正直，不要低头弓背，两腿向下蹲，前脚全着地，小腿基本垂直于地面，后腿脚跟提起，后脚掌着地，两腿合力支撑身体，掌握好身体的重心，将腿靠紧，臀部向下。男士两腿间可有适当的缝隙，女士则要两腿并紧，穿旗袍或短裙时需更加留意，以免尴尬。

1. 标准蹲姿

下蹲拾物时，应自然得体、大方、不遮遮掩掩。下蹲时，两腿合力支撑身体避免滑倒。同时，应使头、胸、膝关节不在一个角度上，使蹲姿优美。女士不论采用哪种蹲姿，都要将腿靠紧臀部向下。

2. 不良蹲姿纠正

弯腰拾物，切忌臀部向后撅起，应当两腿展开平衡下蹲。

二、蹲姿注意事项

下蹲是社交场合不得已的动作，应该避开他人的视线。

（1）切忌两腿叉开下蹲。即使穿着长裤，两腿展开平衡下蹲，撅起臀部的姿态也不美观。

（2）不要面对或背对他人而蹲。最好的方法是在他人面前侧身而蹲。

（3）不要突然下蹲；不要距人过近；不要方位失当；不要毫无遮掩；不要蹲着休息。

（4）切忌弯腰拾物时两腿分开，臀部向后撅起，以及两腿展开平衡下蹲。服务工作中的不良蹲姿：低头、弯腰、撅臀前倾。女士无论采用哪种蹲姿，切忌两腿分开，既不雅观也不礼貌；不要背对着人蹲下。

三、优雅的蹲姿

1. 高低式蹲姿

下蹲时左（右）脚在前，右（左）脚稍后（不重叠），两腿靠紧向下蹲。左（右）脚全脚着地，小腿基本垂直于地面，右（左）脚脚跟提起，脚掌着地。右（左）膝低于左（右）膝，右（左）膝内侧靠于左（右）小腿内侧，形成左（右）膝高右（左）膝低的姿态，臀部向下。基本上以膝低的腿支撑（图4-13）。

2. 交叉式蹲姿

下蹲时，右（左）脚在前，左（右）脚在后，右（左）腿垂直于地面，全脚着地，左（右）腿在后与右（左）腿交叉重叠，左（右）膝由后面伸向右（左）侧，左（右）脚跟抬起，脚掌着地，两腿前后靠紧，合力支撑身体。臀部向下，上身稍前倾（图4-14）。

图4-13　高低式蹲姿

图4-14　交叉式蹲姿

3. 半蹲式蹲姿

半蹲式蹲姿多于行进之中临时采用。基本特征是身体半立半蹲，其要求是：在下蹲时，上身稍许弯下，但不宜与下肢构成直角或锐角；臀部向下而不是撅起；双膝略弯曲，其角度可根据需要可大可小，但一般均应为钝角；身体的重心应放在一条腿上。

4. 半跪式蹲姿

半跪式蹲姿又叫单跪式蹲姿。它是一种非正式蹲姿，多用于下蹲时间较长，或为了用力方便之时。它的特征是双腿一蹲一跪，其要求是：下蹲之后，改为一腿单膝着地，臀部坐在脚跟之上，而以其脚尖着地；另外一条腿则应当全脚着地，小腿垂直于地面；双膝应同时向外，双腿应尽力靠拢。

四、蹲姿训练的步骤和方法

（1）练习在站立和行走时的各种蹲姿。

（2）对着镜子训练各种蹲姿，注意保持身体平衡，臀部不能向后撅起。

（3）女子的蹲姿训练：女士下蹲时，左脚在前，右脚稍后，两腿靠紧，向下蹲。因为女子多穿裙子，所以两腿要靠紧。

（4）男士的蹲姿训练：需注意的是，下蹲时无论采取哪种蹲姿，都应掌握好身体的重心，避免出现在客人面前滑倒的尴尬局面。

【项目小结】

塑造优雅的姿态，能提升个人和企业的形象。本章主要介绍了几种姿态礼仪在日常生活和工作中的作用，重点讲解了基本的、标准的、职场上的站姿、坐姿、行姿和蹲姿的规范要求。姿态礼仪是人的肢体语言，是交往和信任的基础，是形象、气质、教养的综合展现，能让人欣赏你、崇拜你、信任你、追随你、接纳你。

【思考题】

1. 个人仪态是指什么？
2. 我们要求塑造良好的个人仪态，其意义是什么？
3. 正确的坐姿有哪些基本要点？
4. 如何避免职场中不良的站姿？
5. 男士穿西装、女士穿职业套裙的行姿应注意哪些问题？

【讨论】

小王是刚毕业的大学生，应聘到一家机关工作。在上班前他想：我应当检查检查自己在站姿、坐姿和行姿等方面是否正确，找出自己的毛病并加以纠正。你认为他应该怎样做？

【技能训练标准】

实训学时		3 学时
实训的方法和手段		启发引导，课堂示范，案例分析，情景模拟。让同学们上台表演站立，大家依照站姿、坐姿、行姿、蹲姿的基本要领指出其缺点。训练时配合音乐进行，减少训练的疲劳感
实训的要求和标准	站姿	要求：肃立、直立。手位、脚位准确。 标准：1. 一是平，头平、双肩平、两眼平。二是直，腰、腿、背、臀、脚后跟呈一条直线。三是高，重心上拔，看起来显得高。 2. 靠墙站立，要求脚后跟、小腿、臀、双肩、后脑勺都紧贴墙。 3. 头顶书训练，要求颈部挺直，下巴向内收，上身挺直。 4. 两人背靠背站立练习。要求两人的个子高矮差不多，二人脚跟、小腿、臀部、双肩、后脑勺要贴紧。每次训练时间同上各20分钟
	坐姿	要求：正确掌握坐姿的动作要领，纠正和调整不良习惯。 标准：1. 分组面对面就座，两人相互练习，并纠正对方的不足。 2. 坐在镜子前面，按照坐姿要求进行自我纠正，重点检查手位、腿位、脚位。 3. 按照入座、手的摆放、腿的放置、离座四个过程进行分节训练。着重进行脚、腿、腹、胸、头、手部位的训练，进行入座和离座练习。训练20分钟左右

续表

实训学时		3 学时
实训的要求和标准	行姿	要求：掌握正确的走姿要领，纠正不良走姿，在老师指导下进行练习。 标准：1. 在地面上画一条直线，行走时双脚内侧踩在线上。 2. 抬起头，目光平视前方，双臂自然下垂，手掌心向内，以身体为中心前后摆动双臂。上身挺拔，腿伸直，腰放松，脚步要轻并且富有弹性和节奏感。 3. 摆臂时，要前摆约 35 度，后摆约 15 度，手掌朝向体侧；起步时身子可以稍微前倾，重心落在前脚掌，膝盖伸直；脚尖向正前方伸出，行走时双脚踩在一条线的两侧
	蹲姿	要求：正确掌握蹲姿的动作要领，纠正不正确的蹲姿。 标准：1. 老师带领训练，小组设计情景组织现场表演。 2. 个人表演，展示出个人形象风采
任务考核	站姿	1. 头正、平、向上拔，双目向前平视，嘴唇微闭，下颌微收，面带微笑。 2. 两肩放松，微向下。 3. 身体直立，躯干挺直，重心在两腿之间，挺胸、收腹、立腰、提臀。 4. 双臂自然下垂，手指自然弯曲。 5. 双腿并拢，两脚平行
	坐姿	1. 入座轻、稳。 2. 落座后，立腰、挺胸、上体挺直微向前倾。 3. 双膝并拢，双脚并排自然摆放。 4. 双肩平并放松，臂自然弯曲。 5. 双目平视，面带微笑，下颌微收。 6. 起身，轻稳离座
	行姿	1. 上体正直，抬头，两眼平视前方，挺胸收腹立腰，面带微笑。 2. 肩平稳，臂前后自然摆动。 3. 脚走直线，身体平稳。 4. 行走时步幅、步速均匀。 5. 步伐稳健，精神饱满
	蹲姿	1. 下蹲时，得体、大方。 2. 前脚全着地，后脚跟提起。 3. 身体的重心在两腿之间，腿靠紧，臀部向下
任务布置		大学即将毕业，你参加某公司应聘，模拟应聘面试场景，练习你在现场恰当的举止（站姿、坐姿、行姿和蹲姿）与神态

项目五　举止礼仪训练

项目五 举止礼仪训练

【训练目标】

通过举止训练,学习了解手势礼、见面礼的礼仪规范,熟练掌握各种手势在不同场合的运用变化,并通过情景模拟训练,做到举止优雅。

【训练要点】

1. 掌握手势的要点,动作得体,姿势正确。
2. 注意举止礼仪在日常生活中的应用。

【过程控制】

讲授→示范→手势练习→创设情境→角色进入→纠正→综合考核。

【技能要求】

让你的举止、形态和谐得像一支动人的旋律,给人意气风发、朝气蓬勃的感受,给人留下深刻的个人与职业形象。

【训练口号】

让你的举止更大方,更优雅,更富有魅力。

【导入案例】

握手的尴尬

李某是某单位的经理,有一天,他被邀请参加一场晚宴。此次晚宴规模巨大,聚集了许多职场上的成功人士。在宴会上,李某被朋友介绍给一位曹女士。为了表示自己的友好,他先把手伸了出去,可是那位曹女士居然没有反应,还在与一旁的朋友说说笑笑。李某觉得非常尴尬,觉得手不能再缩回去了,撑了大概20多秒,那位女士还是不配合。后来他一着急,说:"蚊子!"转手去打莫须有的蚊子。这种场面让周围的人都不禁捏了把冷汗。李某也是满脸通红地离开了。

[评点]这是不懂得握手礼仪常识造成的尴尬,不明白男士和女士握手时是要女士先伸手,男士再与之握手,如果女士不主动伸出手,男士也不要冒昧地伸手。同时在长辈和领导面前也一样,只要长辈和领导不伸手就不要提前伸手。但是如果女士、长辈或者领导伸出手,要立刻伸出右手与之握手。

举止是一种不说话的"语言",反映了一个人的素质,体现他的道德修养、文化水平,关系到一个人形象的塑造,一个人的外在举止行动可直接表明他的态度。

任务一 掌握手势礼仪

俗话说:"心有所思,手有所指。"手势是人们利用手来表示各种含义时所使用的各种姿势,是极富表现力的一种体态语言。手势表现的含义非常丰富,表达的感情也非常微妙复杂。举手赞同,摆手拒绝,手抚是爱,手指是怒,手搂是亲,手捧是敬,手遮是羞。

一、手势的基本要求

手势要规范,自然亲切,协调一致,避免不良的手势、不卫生的手势、不稳重的手势,以及对他人失敬的手势。不能用一根手指指东西，也不能拿着铅笔、筷子等棒状物指人。拿文件等物不应下垂着手，而应用左手贴近身体中心，拿到胸部高度。

（一）规范的手势

1. 规范的手势

动作方法：规范的手势应当是手掌自然伸直，掌心向内向上，手指并拢，拇指自然稍稍分开，手腕伸直，手与小臂呈一直线，肘关节自然弯曲，大小臂的弯曲角度为140度为宜（图5-1）。

掌心向上的手势有一种诚恳、尊重他人的含义；掌心向下的手势意味着不够坦率、缺乏诚意等；伸出手指来指点是要引起他人的注意，含有教训人的意味。因此，在引路、指示方向等时，应注意手指自然并拢，掌心向上，以肘关节为支点，指示目标，切忌伸出食指来指点。

在做出手势时，要讲究柔美、流畅，做到欲上先下、欲左先右，避免僵硬、缺乏韵味。同时配合眼神、表情和其他姿态，使手势更显协调大方。

图 5-1　规范的手势

2. 手势的区域

手势活动的范围，有上、中、下三个区域。此外，还有内区和外区之分。肩部以上称为上区，多用来表示理想、希望、宏大、激昂等情感，表达积极肯定的意思；肩部至腰部称为中区，多表示比较平静的思想，一般不带有浓厚的感情色彩；腰部以下称为下区，多表示不屑、厌烦、反对、失望等，表达消极否定的意思。

（二）指引礼

1. 低位指引礼

低位—腰—1 米左右。右手掌拇指与四指自然并拢，手掌伸开，手掌斜 45 度，其他同基本要求，手臂前伸或侧伸与身体呈夹角，手掌稍低于髋下指目标。

2. 中位指引礼

中位—肩—2 至 5 米。伸出的右手手指尖并肩高，其他同基本要求。

3. 高位指引礼

高位—头—5 米以外。伸出的右手手指尖并头顶高，其他同基本要求。

4. "三位"手势训练

低、中、高三位指引礼手势训练如图 5-2 所示。

二、常用的礼仪手势

（一）手势礼仪

1. 横摆式——指引较近的方向

表示"请进""请"时常用，五指伸直并拢，手掌自然伸直，手心向上，肘做弯曲，腕低于肘。以肘关节为轴，手从腹前抬起向右摆动至身体右前方。同时，脚站成右丁字步。头

(a) 低位手势　　　　　　　(b) 中位手势　　　　　　　(c) 高位手势

图 5-2　"三位"手势训练

部和上身微向伸出手的一侧倾斜，另一手下垂或背在背后，目视宾客，面带微笑（图5-3）。

2. 前摆式——为客人指引方向

表示"请进"，五指并拢，手掌伸直，由身体一侧由下向上抬起，以肩关节为轴，手臂稍曲，到腰的高度在身前左方摆出去，摆到距身体15厘米并不超过躯干的位置停止（图5-4）。

3. 双臂横摆式——业务繁忙，较多宾客里面请

面对较多来宾，表示"请""大家请"时，采用"双臂横摆式"。即两手从腹前抬起，双手上下重叠，手心向上，同时向身体两侧摆动，摆至身体的侧前方，上身稍前倾，微笑施礼向大家致意，然后退到一侧。也可以双臂向一个方向摆出，即双手从腹前抬起，手心朝上，同时向一侧摆动，两手臂之间保持一定距离（图5-5）。

图 5-3　横摆式　　　　　　图 5-4　前摆式　　　　　　图 5-5　双臂横摆式

4. 斜摆式——引领宾客入座

表示"请坐"、请客人就座时，手势应指向座位的地方，可使用斜摆式。首先从身体的一侧抬起，到高于腰部后，再向下摆去，使大小臂呈一斜线（图5-6）。

5. 直臂式——引领较近方向

表示"请跟我来""里面请"时常用，给宾客指方向时，宜采用直臂式，手指并拢，掌伸直，屈肘从身前抬起，手应提至齐胸高度，朝指示方向伸出前臂。为他人作介绍时，手应朝上,手背朝下,四指并拢,拇指张开,略带微笑,显得温文尔雅(图5-7)。

图5-6　斜摆式　　　　　　　　　　　图5-7　直臂式

在服务工作中,要注意手势的大小幅度。手势上界不要超过对方的视线,下界不低于自己的腰的水平线,左右摆动的范围不要太宽,应在人的胸前或右方进行。一般场合,手势动作幅度不宜过大,次数不宜过多,不宜重复,总之手势宜少不宜多。多余的手势,会给人留下装腔作势、缺乏涵养的感觉。服务场合要多用柔和曲线手势,少用生硬的直线条手势,以求拉近心理距离。

(二)介绍引领的手势

(1)介绍他人:掌心向上,五指并拢,手心向上与胸齐,以肘为轴向外转,手掌抬至肩的高度,并指向被介绍人的一方。

(2)介绍自己:右手五指并拢,用手掌轻按自己左胸。

(3)引领时,身体稍侧向客人,注意上下楼梯、遇障碍物时的手势。

(三)手势的忌讳

手势的忌讳有:单指指人、筷子指人、左手待人、手背朝上、拇指指鼻尖、攥拳等。

(四)错误的手势

(1)不卫生的手势:搔头皮、掏耳朵、抠鼻孔、剔牙、咬指甲等。

(2)不稳重的手势:双手乱动、乱摸、乱举、咬指尖、折衣角、抬胳膊、挠脑袋等。

(3)失敬于人的手势:除拇指以外的其他四指招呼别人,用手指指点他人。

> **提示指导**
>
> 　　和客户交谈,讲自己不要用手指自己的鼻尖,而应用手掌按在自己的胸口部位。谈到别人的时候,不要用手指着别人,更忌讳背后对人指指点点等很不礼貌的手势。接待客户的时候,避免抓头发、玩饰物、掏鼻孔、剔牙齿、抬腕看表等手势动作。
> 　　做指引指示时或点人数时,最忌"一指功"(用食指指人),这是对客户的不尊敬。

三、手势训练的步骤和方法

（1）模拟训练法：老师做各种手势姿势示范，学生统一模仿练习。
（2）角色训练法：分组组织学生扮演客人，进行不同场景的手势练习。
（3）个别练习法：对镜做各种手势练习，纠正手势的错误。
（4）分组竞赛的方式练习法：分组练习各种手势语，看哪一组动作更规范、准确。

任务二 掌握见面礼仪

见面礼仪是日常社交礼仪中常用、基础的礼仪，人与人之间的交往都要用到见面礼仪。见面时行一个标准的见面礼，会给对方留下深刻而又美好的印象，直接体现出施礼者良好的修养。特别是从事服务行业的人，掌握一些见面礼仪，能给客户留下良好的第一印象，为以后顺利开展工作打下基础。

一、见面问候礼练习

见面问候是我们向他人表示尊重的一种方式。见面问候虽然只是打招呼、寒暄或是简单的三言两语，却代表着我们对他人的尊重。而在向他人问候时，我们需要注意以下几个方面。

1. 问候的内容

问候内容分为两种，分别适用于不同的场合。

（1）直接式。所谓直接式问候，就是直接以问好作为问候的主要内容。它适用于正式的交往场合，特别是在初次接触的陌生商务及社交场合。如"您好""大家好""早上好"等。

（2）间接式。所谓间接式问候，就是以某些约定俗成的问候语，或者是在当时条件下可以引起的话题作为问候的主要内容，主要适用于非正式、熟人之间的交往。比如"最近过得怎样""忙什么呢""您去哪里"等，来替代直接式问好。

> 💡 **提示指导**
>
> 无论哪个国家，语言虽不同，但最动听的问候用语都是"谢谢"。大胆地说一句"谢谢"，会立即见到笑容满面的脸。早晨上班见面问候"早上好"；在公司或外出时遇见客人，应面带微笑主动上前打招呼说"你好"；下班时也应打招呼说"明天见"或"再见"；因公外出应向部门的其他人打招呼。

2. 问候的态度

问候是敬意的一种表现，态度上一定要注意以下几点。

（1）主动。向他人问候时，要积极、主动。同样，当别人首先问候自己之后，要立即予以回应，千万不要摆出一副高不可攀的样子。

（2）热情。向他人问候时，要表现得热情、友好、真诚。毫无表情，或者拉长苦瓜脸表情冷漠的问候不如不问候。

（3）大方。向他人问候时，要有主动、热情的态度，必须表现得大方。矫揉造作、神态夸张，或者扭扭捏捏，反而会给人留下虚情假意的坏印象。而且一定要专注。问候的时候，要面含笑意，与他人有正面的视觉交流，以做到眼到、口到、意到。

3. 问候的次序

在正式场合，问候一定要讲究次序。男士应首先向女士致意，年轻的不管男女都应该先向年长者致意，下级应向上级致意。两对夫妇见面时，女士先相互致意，然后男士分别向对方的妻子一对一地问候致意，最后是男士间相互致意。

一对一、两人之间的问候，通常是"位低者先问候"，即身份较低者或年轻者首先问候身份较高者或年长者。一对多的问候：如果同时遇到多人，特别是在正式会面的时候，这时既可以笼统地加以问候，比如说"大家好"；也可以逐个加以问候。当一个人逐一问候多人时，既可以由"尊"而"卑"、由"长"而"幼"地依次进行，也可以由"近"而"远"依次进行。

4. 见面问候的方式

（1）微笑。与人见面时莞尔一笑是最美好的表达方式，是最有魅力的礼节。

（2）问候语。打招呼寒暄。主动表达自己对对方的一种友好和尊重。

（3）点头。点头礼适用的范围很广，如路遇熟人或与熟人、朋友在会场、剧院、歌厅、舞厅等不宜交谈之处见面，以及遇上多人而又无法一一问候之时，都可以点头致意。

（4）欠身。每天与同事第一次见面，问候、行欠身礼。

（5）起立。见面坐着的要起立问候。

（6）脱帽。戴着帽子遇到友人时，应脱帽，微微欠身。

（7）挥手。见面可以轻轻问候，也可以挥手问候。

（8）行礼。运用于军人间。

二、致意礼练习

见面致意是向对方表示一种友好和尊重。施礼者向受礼者用嫣然微笑、点头微笑、眨眼微笑、挥手微笑等方式表达友好与尊重。随着现代生活的加快，致意礼已成为日常交往中使用频率最高的一种礼节。

1. 致意的礼规

（1）致意要讲究先后顺序。通常应遵循：年轻者先向年长者致意；学生先向老师致意；男士先向女士致意；下级先向上级致意。

（2）向他人致意时，往往可以两种形式同时使用，如点头与微笑并用，起立与欠身并用。

（3）致意时应大方、文雅，一般不要在致意的同时向对方高声叫喊，以免妨碍他人。

（4）如遇对方先向自己致意，应以同样的方式回敬，不可视而不见。

2. 致意的形式

（1）微笑致意。

（2）举手致意。

（3）点头致意。

（4）欠身致意。

（5）脱帽致意。

【技能训练】

1. 剧院里看到对面包厢里坐着自己的老客户，而他也看见了自己。您选择的见面问候礼是什么？
2. 酒店大厅遇到上司在陪同一位女士聊天。您选择的见面问候礼是什么？
3. 新加坡的一个老先生前来公司考察，而您是接待负责人。您选择的见面问候礼是什么？

> 💡 **提示指导**
>
> 向对方致意问候时，应该诚心诚意，表情和蔼可亲。若毫无表情或精神萎靡不振，会给人以敷衍了事的感觉。在外交场合遇见身份高的领导人，应有礼貌地点头致意或表示欢迎，不要主动上前握手问候。只有在领导人主动伸手时，才能向前握手问候。如遇到身份高的熟人，一般也不要径直去问候，而是在对方应酬活动告一段落之后，再前去问候致意。

三、常用的见面问候礼练习

1. 握手礼

（1）握手的基本要求。握手伸出右手，手掌呈垂直状态，五指并用，握持3～5秒。不要用左手握手。与多人握手时，遵循先尊后卑、先长后幼、先女后男的原则。若戴手套，先脱手套再握手。切忌戴着手套握手或握完手后擦手。握手时注视对方，不要旁顾他人他物。用力要适度，切忌手脏、手湿、手凉和用力过大。与异性握手时用力轻、时间短，不可长时间握手和紧握手。掌心向上，以示谦虚和尊重，切忌掌心向下。握手的基本要求如图5-8所示。

图5-8 握手的基本要求

（2）握手的礼仪规范

① 握手顺序：体现"尊者为本"。主人与客人之间，客人抵达时主人应先伸手，客人告辞时由客人先伸手；年长者与年轻者之间，年长者应先伸手；身份、地位不同者之间，应由身份和地位高者先伸手；女士和男士之间，应由女士先伸手。先到者先伸手。多人同时握手时应按顺序进行，切忌交叉握手。

② 握手时间：1～3秒为宜。

③ 握手力度：一只手握碎一个鸡蛋的力气，不宜过大，但也不宜毫无力度。握手时，应目视对方并面带微笑，切不可戴着手套与人握手。

④ 握手的禁忌：忌用左手握手，忌坐着握手，忌戴有手套，忌手脏，忌交叉握手，忌与异性握手用双手，忌三心二意。不要跨着门槛握手。握手时须脱帽、起立，不能把另一只手放在口袋中。

【思考与练习】

王先生与刘小姐在公园相遇，由于两人好久没见面，王先生热情地向刘小姐伸出手去，想与刘小姐握手，谁知刘小姐却不将手伸出来与王先生同握，反而将手放进裤兜里。王先生只好尴尬地搓搓自己的手。

如果你是王先生，你会怎样做呢？

> 💡 **提示指导**
>
> 握手时不能同时鞠躬。与男士握手，女士可不摘手套。军人戴军帽时，必须先行军礼，然后再行握手礼。

【技能训练】

在下列情况下，见面的双方应该由谁首先伸出手来促成握手？请说明原因。

（1）甲单位的张小姐和乙公司的董先生。

（2）公司的总经理和营销主管。

（3）退休的老李和其接任者小王。

（4）宴会主办者和嘉宾。

（5）有5年资历的公关经理和刚来的客户服务部副主任。

> 💡 **提示指导**
>
> 一定要用右手握手。遵照"尊者居先"的原则，应是主人、尊长、女士先主动伸出手，客人、晚辈、男士再予以迎握。多人握手时，忌交叉相握。

2. 鞠躬礼

鞠躬，是对他人表示敬佩的一种礼节方式。挺胸、站直、保持姿态端正。行礼时面对客人，膝盖伸直，并拢双脚，头、颈、脊背呈一条直线，视线由对方脸上落至自己的脚前1.5米处（15度礼）或脚前1米处（30度礼）。男性双手放在身体两侧，女性双手合起放在身体前面。鞠躬时，面带微笑，上半身前倾时应同时问候"您好""早上好""欢迎光临"等，声音要热情、亲切、甜美，且与动作协调。

（1）行礼的方式

① 当与别人擦肩而过时，被人打招呼或上茶时，可行15度的鞠躬礼，应面带笑容，以表示对人的礼貌（图5-9）。

② 当迎接或相送顾客时，早上上班、下午离开时，可行30度的鞠躬礼。这种鞠躬在工作场合比较常用（图5-10）。

③ 当感谢、请求、道歉的时候可行45度的鞠躬礼以表示礼貌（图5-11）。

（2）鞠躬的场合与要求：遇到客人或表示感谢或回礼时，行15度鞠躬礼；遇到尊贵客人来访时，行30度鞠躬礼。初见或感谢客户时，行45度鞠躬礼。

3. 欠身礼

头、颈、背呈直线。目视对方，前倾约15度。一般适用于在座位上回礼（不必起立），或在行走中施礼（不必停留）。

图 5-9　15 度鞠躬礼　　图 5-10　30 度鞠躬礼　　图 5-11　45 度鞠躬礼

4. 举手礼

全身直立，面带微笑，目视对方，略略点头，手臂轻缓地由下而上，向侧上方伸出，手臂可全部伸直，也可稍有弯曲，致意时伸开手掌，掌心向外对着对方，指尖指向上方，手臂不要向左右两侧来回摆动。

5. 注目礼

注目礼是以注视受礼者，并用目迎、目送来表示敬意的一种礼节。行注目礼时，行礼者应面向或将头转向受礼者，呈立正姿势，抬头挺胸，注视受礼者目迎和目送，待受礼者还礼后目光平视或将头转正。奏国歌升降国旗时、各种会议的升降旗仪式、运动会颁奖仪式都要向国旗行注目礼。着军装的军人参加升旗仪式时要行军礼，接受检阅时，受阅者应向检阅者首先行注目礼，如图 5-12 所示。

6. 拥抱礼

拥抱礼是流行于欧美的一种见面礼节。其他地区的一些国家，特别是现代的上层社会中亦行此礼。

图 5-12　注目礼

拥抱礼多行于官方或民间的迎送宾朋或祝贺致谢等场合。行礼时，两人正面对立，各自举起右臂，将右手搭在对方的左臂后面；左臂下垂，左手扶住对方的右后腰。首先向左侧拥抱，然后向右侧拥抱，最后再次向左侧拥抱，礼毕。拥抱时，还可以用右手掌拍打对方左臂的后侧，以示亲热（图 5-13）。

7. 拱手礼

行礼时，双腿站直，上身直立或微俯，双手互握合于胸前。一般情况下，男子应右手握拳在内，左手在外，女子则正好相反；若为丧事行拱手礼，则男子为左手握拳在内，右手在外，女子则正好相反（图 5-14）。

8. 点头礼

微微地点头，以对人表示礼貌，点头礼适用于比较随意的场合。这是同级或平辈间的礼节。如在路上行走时相遇，可以在行进中点头示意，忘记对方姓名或只觉得对方面熟时，可点头致意，但点头时要面带微笑，这是对人的礼貌。若在路上遇见上级或长者，必须立

图 5-13　拥抱礼

图 5-14　拱手礼

正行鞠躬礼。但上级对部下或长者对晚辈的答礼,可以在行进中进行,或伸右手示意。

四、见面礼实训步骤和方法

(1) 模拟训练法:根据各种见面礼姿态进行模仿练习。
(2) 分组训练法:学生分组面对面进行各种见面礼的练习。
(3) 对镜练习法:对镜做各种手势练习,自己纠正手势的错误。
(4) 比赛练习法:看哪一组做得更规范更优美。

【项目小结】

本项目主要介绍了手势的基本礼仪,包括职场中的指引礼,在日常生活和工作场合常用的礼仪手势,交往过程中手势的忌讳。手势是一种交流方式,能表达心心相印、心领神会的真意。恰当地运用手势既能增强语言效果,又能使对方感到我们的态度,因此在各种场合一定要注意避免错误的手势。

见面问候虽然只是打招呼、寒暄或是简单的致意或三言两语,却代表着我们向他人亲切、热情而又有分寸的关切、恭候、致意。通过训练,要把握好见面时问候的次序、握手的次序、不同场合中各种致意礼的规范,并且致意问候时还要注意恰当地使用称谓。问候的方式可以用语言表达,也可以通过体态语言如点头、微笑、目光交流或手势等来完成。

【思考题】

1. 收集手势的相关资料,了解其他手势的含义。握手看似简单平常,你能说出握手的几点礼仪规范吗?
2. 握手有哪些忌讳?握手就只有一种姿势、方式吗?你还知道有哪些?
3. 假设你在校园中见到老师,你会主动打招呼吗?
4. 简述手势操作的基本要领及使用手势的注意事项。
5. 在会议室,你见到了一个好久未见面的老朋友,而且会议室的人又比较多,你俩的距离又比较远,你会怎样与他打招呼?

【讨论】

游乐场里,工作人员小王正在清点入场的人数。他用食指指着顾客"1,2,3,4,…"地数着。有顾客不满意了,讽刺地说:"你这是在数羊吗?"他却浑然不觉。后来,他的同事接替他,手掌张开,手心向侧上方,数道:"一位,二位,三位,四位,……"顾客秩序井然,会意地向他一一点头和微笑。请问:小王数人的手势有没有错误?应当怎样做?

【技能训练标准】

实训学时	2学时	
实训的方法和手段	1. 讲解示范，学做辅导，情景模拟，观摩练习，纠正表演，考核。 2. 先全班讲解，分组练习。调整好自己的身体姿态，每组组长负责，分组和对镜练习常用的手势以及见面礼仪，学生进行点评，老师纠正	
实训的要求和标准	手势礼	要求：手势要程序化，要有节奏。常用的手势要标准。 标准：1. 手掌伸直，手指并拢，拇指自然分开，掌心斜向上方。 2. 腕关节伸直，收于前臂形成直线，以肘关节为轴，自然弯曲，大小呈140度。 3. 要求手势柔美、流畅，做到欲上先下、欲左先右，避免僵硬死板。 4. 做手势要配合眼神、表情和其他姿态，动作操作时应干净利索，速度适宜
	见面礼	要求：按照礼仪规范操作，要礼貌，尊重交往对象，会应用在各种场合。 标准：1. 问候说话要有尊称，声调要平稳。说话要文雅、简练、明确、不啰嗦。 2. 致意的原则方法：男士、年轻者、学生、下级应先向女士、年长者、老师、上级致意。致意的方法是欠身与脱帽并用，要文雅。 3. 见面礼。握手礼的场合、次序、方法合乎礼节；鞠躬礼，身体立正，目光平视，自然微笑，面对受礼者；熟悉日常见面的欠身礼、举手礼、注目礼、拥抱礼、拱手礼、点头礼、吻手礼、亲颊礼、屈膝礼的礼仪、礼节、礼规
任务考核	手势礼	1. 常见的手势："请进""请""请往高处看""里边请""请坐"。 2. 常用的手势：遇见客人、对客人说"请"采用直臂式，要求上体前倾，面带微笑，身体侧向来宾，目光看着目标方向。 3. 采用横臂式，前摆式注意不要把手摆放到体侧或体后。 4. 分别对每个小组和个人按评分要求打分，最后评出总分
	见面礼	1. 致意礼的运用 ① 与人见面时，用什么方式致意？ ② 距离较远的人如何打招呼？ ③ 人较多的场合，用什么方式致意？ ④ 若你戴帽子，见到熟人，用什么方式致意？ 2. 握手礼的规范 ① 在公务场合，握手的先后次序是怎样的？ ② 在客人抵达时，由谁先伸出手来？ ③ 在客人告辞时，由谁先伸出手来？ 3. 其他礼 ① 颁奖行礼。 ② 与熟人相遇行礼。 ③ 座位上遇到熟人行礼。 ④ 与熟人相遇，人较多时行礼。 ⑤ 丧事行礼。 ⑥ 国际社会中，最广泛的运用礼
任务布置	课后见到老师和长辈，试着用得体的手势行礼	

项目六　轿车礼仪训练

项目六 轿车礼仪训练

【训练目标】

通过轿车礼仪训练,能够在乘坐不同车辆时,在驾驶者身份不同的情况下,适当地安排车辆座次,并采用正确的姿态乘车。

【训练要点】

1. 了解不同轿车的乘车位次。掌握在主人驾驶和专职司机驾驶的情况下,乘坐小轿车时座次的安排。

2. 掌握上下轿车礼仪,并会在正式场合中运用。

3. 了解乘车注意事项。

【过程控制】

理论讲解→示范→位次礼仪→情景创设→模拟纠正→综合考核。

【技能要求】

注意位次,讲究顺序,彰显个人或公司的基本素养,体现个人的学识、修养和价值观。

【训练口号】

文雅有礼、举止大方。

【案例导入】

乘车位次有讲究

某公司新入职员工小张,担任公司总经理秘书,某一天要和总经理贾总去客户公司进行商务洽谈,同行的还有财务处的钱总监。

当单位司机小李把五座小轿车开过来的时候,小张心想,车前座的位置又敞亮又不用和别人挤,那应该是老总的位置,于是走过去打开前座车门请贾总上车。奇怪的是,贾总只是微微一笑而并没有上车。这时,钱总监打开了后座右侧车门请贾总上了车,并对小张说:"还是你坐在前面吧。"钱总监自己打开左后侧车门,坐在了贾总身边。

小张知道自己一定是哪里出了错误,在忐忑中到了客户的公司,离很远就看到对方的总经理吴总带着秘书小王在门口等候。车刚一停下,小王就熟练地上前打开了右后侧车座的车门,并且用手挡在车门上方,自己站在车门旁,恭敬地请贾总下车。小张这才恍然大悟,原来这个位置才是公认的领导首席位置,如果刚才坐在这里的是自己或是钱总监,那就闹笑话了。

[评点] 在商务场合,乘车位次有相应的规则。在这个案例中,贾总应该坐在后排右手位,钱总监的职位比小李高,应该坐在后排左手位,小张的级别最低,坐前排驾驶员的旁边。也正因为遵守了这样的座次,客户在接待时首先默认迎接的是级别最高的领导,不会出现认错人的尴尬。

乘车位次的礼仪在我们的生活中是和谐人际关系的重要规范,多了解一些礼仪知识,对我们的人际交流以及增添个人魅力是非常有帮助的。

我们每个人几乎都要乘坐各式各样的交通工具,汽车如今已成为现代社会最主要的交通工具,与领导、同事、客户一同乘车更是难免,因此什么人坐什么位置都有一定的规范。

任务一 掌握乘坐轿车的礼仪

乘坐小轿车文雅有礼，涉及座次、举止、上下车顺序三个方面的礼仪。

一、座次排序

非正式场合，不必过分拘礼，可随意就座。在正式场合乘坐小轿车时，应分清尊卑，在自己适得其所之处就座。具体来讲，应奉行"四个为尊，三个为上"的原则。

"四个为尊"：客人为尊、长者为尊、领导为尊、女士为尊。

"三个为上"：方便为上、安全为上、尊重为上。

（一）驾驶员的身份

1. 主人亲自驾车时

前排为上，后排为下。以右为尊，以左为卑（图6-1）。

2. 专职司机驾车时

车上最尊贵的是"后座高于前座"，座次由尊而卑依次安排为：后排为上、前排为下，以右为尊、以左为卑（图6-2）。在正式场合乘坐轿车时，应引导尊长、女士、来宾坐上座，这是给予对方的一种礼遇。

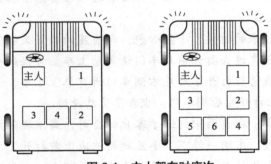

图6-1 主人驾车时座次

图6-2 专职司机驾车时座次

（二）轿车的类型

1. 吉普车或越野车

乘坐吉普车或越野车时，无论谁驾驶，前排驾驶员身旁的副驾驶座为上座。车上其他的座次，由尊而卑依次为：后排右座，后排左座（图6-3）。

2. 双排五人座轿车

有专职司机时，座次由尊而卑依次安排为：后排右座、后排左座、后排中座、副驾驶座。如领导或主人开车，尊卑顺序是：副驾驶座、后排右座、后排左座、后排中座（图6-4）。

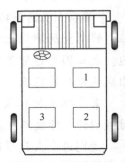

图6-3 吉普车座次

3. 双排六座轿车

有专职司机时，座次由尊而卑依次安排为：后排右座、后排左座、后排中座、前排右座、前排中座。如领导或主人开车，尊卑顺序是：前排右座、前排中座、后排右座、后排左座、后排中座（图6-5）。

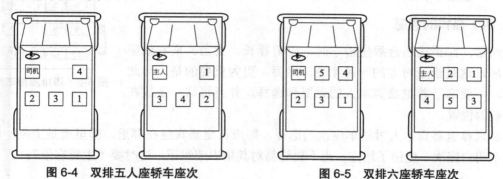

图6-4　双排五人座轿车座次　　　　　图6-5　双排六座轿车座次

4. 三排七座轿车

有专职司机时，由尊而卑依次为：后排右座、后排左座、后排中座、中排右座、中排左座、前排右座。如领导或主人开车，尊卑顺序是：前排右座、后排右座、后排左座、后排中座、中排右座、中排左座（图6-6）。

5. 三排九座轿车

由专职司机驾驶三排九座轿车时，由尊而卑依次应为：中排右座，中排中座，中排左座，后排右座，后排中座，后排左座，前排右座，前排中座。由主人亲自驾驶三排九座轿车时，由尊而卑依次应为：前排右座，前排中座，中排右座，中排中座，中排左座，后排右座，后排中座，后排左座（图6-7）。

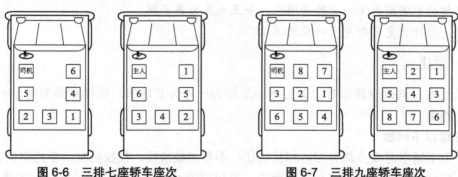

图6-6　三排七座轿车座次　　　　　图6-7　三排九座轿车座次

6. 四排座及以上轿车

乘坐四排座或四排座以上的中型或大型轿车时，通常应以距离前门的远近来确定座次，离前门越近，座次越高；而在各排座位中，则又讲究"右高左低"（图6-8）。

（三）副驾驶座

（1）副驾驶座最不安全，社交场合下，不宜请女士和儿童就座。

（2）副驾驶座公共场合下又称"随员座"，专供秘书、翻译、警卫、陪同等随从人员就座。

（3）许多城市出租车的副驾驶座经常不允许乘客就座，主要是防范歹徒劫车，出于安全考虑。

（4）主人亲自开车时，之所以以副驾驶为上座，既是为了表示尊重，也是为了显示与人同舟共济。

（四）嘉宾的意愿

通常，在正式场合乘坐轿车时，应请尊长、女士、来宾就座于上座，这是给予对方的一种礼遇。然而，更为重要的是，与此同时，不要忘了尊重嘉宾本人的意愿和选择，并应将这一条放在最重要的位置。

图6-8　四排座轿车座次

必须尊重嘉宾本人对轿车座次的选择，即应认定嘉宾坐在哪里，哪里就是上座，即便嘉宾不明白座次，坐错了地方，也不要轻易对其指出或纠正，这时要"主随客便"。

> **提示指导**
>
> 注意：上面这四个因素往往相互交错，在具体运用时，可根据实际情况而定，注意座次安排。

【思考与练习】

轿车的上座与下座

王先生乘坐专车前往机场迎接一位美国企业家史密斯先生，宾主见面寒暄后，王先生恭敬地请史密斯先生坐在了轿车前排副驾驶的位子上，自己则坐在了后排。从此以后，原本笑容可掬的史密斯先生一直脸部阴沉，令王先生大惑不解。

思考：为什么史密斯先生一直阴沉脸？

二、举止

与其他人一同乘坐轿车时，即应将轿车视为一处公共场所，同样有必要对个人的行为举止多加约束。

1. 注意以下问题

（1）上下轿车时要井然有序，相互礼让，不要推推搡搡，拉拉扯扯，争抢座位。

（2）应注意举止雅观，不要东倒西歪。穿短裙的女士上下车最好采用背入式或正出式，这样不易"走光"。

（3）不要在车上吸烟。

（4）一般也不宜听收音机或放音乐。

（5）不要与司机没话找话分散司机的注意力。

（6）不要对司机的驾驶技术说三道四，或议论有关交通事故的话题，这都会使司机反感。

（7）当没有时间送客人回家时，应为其叫好出租车，并事先向出租车司机付款，这是礼貌。

（8）不要往车外丢东西、吐痰或擤鼻涕。

(9) 不要在车上脱鞋、脱袜、换衣服，或是用脚蹬踩座位，更不要将手或腿、脚伸出车窗。

2. 乘车礼仪其他事项

(1) 给女士让座。

(2) 乘坐火车或巴士时，如不拥挤，男士应先上车，接应女士或为女士找座位。到站后，男士先下，接应女士。

(3) 乘出租车时，男士后上先下，拉开和关闭车门，协助女士上下车。男士坐在女士旁边，或坐在司机旁边。

三、上下车顺序礼仪

1. 上下轿车的先后顺序

通常是：尊长、女士、来宾先上车，后下车，年轻人或者其他陪同人员后上先下，即请尊长、女士、来宾从右侧车门先上车，自己再从车后绕道左侧车门后上车。下车时，则应自己先从左侧下车，再从车后绕过来协助尊长、女士、来宾开启车门。

2. 同亲友一同乘车顺序

应请女士和长辈先上车，并为之开关车门。倘若女士裙子太短或太紧不宜先上车，应请男士先上，此时男士不必谦虚。

3. 迎送活动的顺序

有宾主同车的，也有不同车的。如果宾主同车而行，宜请客人坐在主人右侧。如果宾主不同乘一辆轿车，则主人的坐车应当行驶在客人的坐车之前，为其开道。

当主人充任司机，而客人又只有一人时，可请其坐在前排，客人2～3人时，可请与主人较熟之人坐在前排。轿车行驶过程中，主人可向客人介绍一下活动安排、沿途的名胜古迹。若客人有些疲乏，则不宜交谈，可听任他休息一会儿。

4. 主人陪同客人同乘一辆车礼仪

首先，主人为客人打开轿车的右侧车门，并以手护住车门上框，以提醒客人注意，避免碰头。等客人坐好后，方可关门，注意不要夹到客人的手。然后主人应从左侧后门上车。

抵达目的地时，主人应首先下车，并绕过来为客人打开车门，用手挡住车门上框，协助其下车。

5. 与上司同坐一辆车礼仪

座位由上司决定，待其坐定后，再任意选个空位坐下，但注意不要去坐后排右席。

6. 亲友一同乘车时礼仪

男士和晚辈也应按照尊卑顺序照顾女士和长辈。

> 💡 **提示指导**
>
> 乘轿车时，地位高的应当坐在司机的后面。坐轿车最忌讳"一头钻进车厢"，女士最好采用背入式入座再并拢收回双腿。轿车上的座位有尊卑之分。一般来说，车上最尊贵的座位是后排右座。其余座位的尊卑次序是后排左座、后排中座、前排右座，即右为上、左为下，后为上、前为下。

任务二　掌握上下轿车的礼仪

乘小轿车时，男士后上先下，拉开和关闭车门，协助女士上下车。男士坐在女士旁边，或坐在司机旁边。

一、乘车：文雅有礼

（1）接送客人上车，要按先主宾后随员、先女宾后男宾的惯例，让客人先行，如是贵宾，则应一手拉开车门，一手遮挡门框上沿（但是信仰伊斯兰教和佛教的不能遮挡）。上车时，应请客户从右侧门上车，自己从车后绕到左侧门上车。

（2）讲究轿车上的座次，司机后排右侧的座位为上位，司机正后面的位置次之，司机旁边的位置为最低。

（3）到达目的地停车后，自己应先下车开门，再请客户下车。

二、女士上下轿车的姿态

女士上下车时应采用背入式和正出式。

1. 背入式

背入式即打开车门上车时背对车内，臀部先坐下，同时上身及头部入内，然后再将并拢的双腿送进车内（图6-9）。

2. 正出式

下车时，正面朝车门，双脚先着地，再将上体头部伸出车外，同时起立出来（图6-10）。

图 6-9　背入式上轿车

图 6-10　正出式下轿车

三、女士上下轿车礼仪

1. 上车礼仪

上车时仪态要优雅，姿势应该为"背入式"，即将身体背向车厢入座，坐定后将双脚同时缩进车内（如穿长裙，应在关上车门前将裙子弄好）。开门后手自然下垂，可半蹲拊裙摆顺势坐下。

依靠手臂做支点，腿脚并拢提高。

继续保持腿与膝盖的并拢姿势，脚平移至车内。略调整身体位置，坐端正后，关上车门。

2. 下车礼仪

应将身体尽量移近车门，立定，然后将身体重心移至另一只脚，再将整个身体移至车外,最后踏出另一只脚(如穿短裙则应将两只脚同时踏出车外,再将身体移出,双脚不可一先一后)。

身体保持端坐状态,侧头,伸出靠近车门的手打开车门,然后略斜身体把车门推开。

双脚膝盖并拢,抬起,同时移出车门外,身体随转。

双脚膝盖并拢着地,一手撑着座位,一手轻靠门框,身体移近门边。

将身体从容从车身内移出,双脚可分开些,但保持膝盖并拢。起身后等直立身体以后转身关车门。关门时不要东张西望,而是面向车门,好像关注的样子,避免用太大力气。

> 💡 **提示指导**
>
> 女士穿裙装和穿裤装是有些不一样的。穿裙装的时候,双腿是并拢进入车内的;穿裤装时,双腿一前一后也可以。
>
> 男士上下车的绅士姿态与女士的淑女姿态也大同小异。双脚一前一后迈出车门,身体适度前倾,眼神自信,目视前方。男士在坐下的时候通常会解开西装扣子,下车时系上扣子。如果不再系上,应轻抚一下领带,略微整理。

四、上下轿车礼仪实训步骤和方法

(1)模仿练习法步骤:

① 女生走到小轿车前—男生拉开小轿车车门,手遮住轿车门上端,面带微笑,说"请上车"并做相应的手势—女生面带微笑,用"谢谢"回礼,并按照动作规范上小轿车。

② 男生走到小轿车门前,拉开小轿车车门并手护车门上端,面对车上女生面带微笑,说"请下车"并做相应手势—女生面带微笑,用"谢谢"回礼。

③ 女生下车后,男生轻轻关小轿车车门—说"请",用直摆式手势引路—结束。

(2)情景比赛练习法,按照以上步骤,比赛看哪一组同学做得更好。

(3)表演练习法,找一组做得最优美、动作最规范的表演,大家模仿练习。

要求分组练习,男女生搭配好,站姿、走姿、坐姿、表情、手势、礼貌用语都要符合规范要求。

【项目小结】

本项目主要介绍了乘坐轿车的位次安排礼仪;女士上下小轿车优雅的举止规范与男士绅士风度的配合。上下轿车时,要井然有序,相互礼让。不要动作不雅,在轿车上应注意举止,这样才能表现出是一个受过专业训练的高素质人才。

【思考题】

1. 上下轿车的顺序是怎样的?
2. 男士应怎样帮女士上下小轿车?
3. 女士上下小轿车的规范有哪些?

【技能训练标准】

实训学时	2学时	
实训内容	1. 乘坐小轿车礼仪。 2. 当代职业人为什么要学习遵守礼貌和礼节？	
实训目标	对礼仪知识的实际分析能力，解决问题的能力	
操作要点	知识点	如何乘坐小轿车，了解尊卑次序和上下车的先后顺序的礼数
	能力点	在正规场合乘坐轿车时座次的尊卑，男士如何帮助女士上下车
	操作内容	乘坐轿车时，涉及座次、举止、上下车顺序等三个方面。 1. 座次：正规的场合，在适合自己之处就座。 2. 举止：不要争抢座位、动作不雅、不讲卫生、不顾安全。 3. 上下车顺序：需请尊长、女士、来宾先上车，后下车
实训的方法和手段	讲解示范，学做辅导，情景模拟，观摩练习，纠正表演，考核。 1. 分组训练进出轿车的姿态；训练接待服务中"护顶"的姿势；训练接待服务人员陪车服务的礼仪。 2. 展示练习过程，比赛表现出集体风范	
实训的要求和标准	要求：讲究程序，遵守规则，操作合理，礼让客人。 标准：1. 乘车：文雅有礼 ① 上车，按照程序进行； ② 讲究轿车上的座次，不同身份座次不同； ③ 下车，避免犯忌； ④ 注意乘车姿态。 2. 上下轿车，女士穿裙装时，上下车姿态举止应优雅。 3. 男士绅士风度的再现，服务的过程	
任务考核	1. 设计上下轿车情景表演。 2. 小组成员分配角色，男士帮助女士上车。 3. 女士穿裙子上车的要求。 4. 下小轿车的规范。 5. 男士帮助女士下车。 对每个小组和个人按评分要求打分，最后评出总分	
场地器材准备要求	本实训在商务礼仪训练室进行	
	教师准备	相关知识背景，技能训练题材，镜子，书，音乐歌曲，音乐播放器。设置小轿车场景进行练习
	学生准备	男女生礼仪服，拟定技能练习词进行角色演练，情景范例，音乐歌曲，学生共同设计小轿车场景
任务布置	尝试乘坐小轿车的上下车礼仪规范的运用。试着男士为女士上下小轿车服务	

项目七　引导礼仪训练

【训练目标】

通过引导礼仪训练，学习了解引导礼仪的基本要求，提高方向感，并通过情景模拟训练，将引导礼仪运用于社会交往及正式场合中。

【训练要点】

1. 了解引领的标准手势规范要求，掌握引导的六要素。
2. 学会在不同场合的引导方法，并会在正式场合中运用。
3. 学会在职场中引领客人上下楼梯及上下电梯的位次礼仪。

【过程控制】

理论讲解→示范→位次礼仪→情景创设→模拟纠正→综合考核。

【训练口号】

让你的举止更大方、更优雅、更富有魅力。

【案例导入】

迎宾小妹错在哪里？

小易有一次在一家酒店餐厅门口等朋友过来，可等了十分钟还没有过来，小易就和这家餐厅的迎宾员说："一会儿我有个姓张的客人过来，你告诉他我们在牡丹厅并把他带过来。"迎宾员说："好的，没有问题。您贵姓啊？""我姓易。""好的易先生，一会张先生来了，我一定会带过去，请您放心。"小易说过谢谢就回到包间去等朋友了。

小易满意地回到包间去等，可不到2分钟就接到了朋友打来的电话问在哪里。小易说："你是到餐厅了吗？迎宾员没有告诉你我们在哪里吗？"朋友回复说："是啊，我还问了，她说不知道啊。"小易心想：这就怪了，刚才还说得很好，还让我放心，这怎么就又不知道了？小易立刻冲了出去，他看见朋友正在和迎宾员说着什么，但不是刚才那个迎宾员。于是，小易问道："刚才那个服务员呢？""她去洗手间了。""她去之前没有告诉你们我有个朋友过来吗？""没有啊。"之后，小易就带朋友去包间了。可在去的路上，小易看见了那个迎宾员，就问："你不是让我放心的吗？"她却说："我以为你朋友还有一会儿才来，你不是说一会儿吗？"

分析：这个迎宾员到底错在哪里？

[评点] 首先，缺乏信息传递意识。当小易把这个任务交给迎宾员的时候，迎宾员有没有把它写下来？当自己离岗时，有没有把这件事再通知或交代给其他迎宾员？没有，造成信息不能有效传递。

其次，缺乏团队协作意识。为何不把信息有效传递，是担心同事做不好吗？同事间的彼此协调和协作做的是否到位，值得我们去思考。

最后，缺乏责任意识。当小易问她时，她却说："我以为你朋友还有一会儿才来，你不是说一会儿吗？"，把责任推给了客人，自己没有检讨，也没有向客人表达歉意。

引导是礼宾的基本工作。引导主人或客人出席仪式、赴宴、会谈、会见、就席、就位等，都少不了礼宾忙碌的身影。礼宾的一举一动都产生直接的影响和代表企业及个人的形象，所以必须有正确的引导方法和接引姿势。不设专职礼宾人员的部门，通常由办公室人员、秘书或负责公关的人充任此项工作。

任务一 认识引导者

一、引导者的要求

1. 穿戴整洁

服饰色彩宜适当，不过分艳丽，也不能土里土气。男引导者服装以黑色、深色西装为主调，根据活动内容，可适当调节领带颜色。女引导者宜穿西装套裙，或穿稍微花哨一些的裙装，但不可花枝招展、奇装异服。

2. 礼待宾客

在客人面前，要不卑不亢，落落大方，不可点头哈腰、低三下四。应态度和蔼，行动敏捷，答问简洁、准确，服务周到、细致。能懂一些通用外语，交流会更方便；如不懂，靠眼神、手势，通常也能解决问题。

二、引导的六要素

1. 报家门

见到贵宾，要自报家门。如"大使先生，您好。我是外交部礼宾司工作人员。会见在××厅""请随我来""请注意台阶"等。

2. 手势

引导时，可适当使用手势指示方向，但不可像交警那样，反复频繁使用手势招呼人，或高声喊叫，让客人跟自己走。引导手势如图 7-1 所示。

图 7-1　引导手势

> 💡 **提示指导**
>
> 　　保持微笑。左手自然下垂。右手从体侧自然抬起，以肘为轴轻缓地向一旁摆出。身体前倾，目光先注视对方再看向指引的方向。动作前先说"请""前面请左转""请注意台阶""请小心路滑"等文明礼貌用语。

3. 距离

引导者应在被引导者左前方，约一两步距离，带路前引。不可距离贵宾身体太近，以免让客人产生压迫感；也不可距离太远，如超过七八步，会让人觉得引导者并非专门为他们服务；切忌出现与贵宾"并驾齐驱"的状况。引导者步伐不可太快，在拐弯处、楼梯口可稍慢些，以免有人掉队。

4. 主宾

以照顾好主宾为主，适当顾及其他陪同人员。如果贵宾不主动握手，引导者也只需点头招呼一下即可，不必握手。

5. 提醒

遇到路面不平，如地毯接缝等，要提醒客人注意安全。

6. 搀扶

以我国习惯，对老年宾客搀扶，是对其尊敬的表现。但对外国老年客人，特别是西方人士，不可盲目搀扶，只在其明确需要时，才可搀扶。

任务二　掌握引导礼仪

一、引导礼仪

1. 在走廊引路时

（1）应走在客人左前方的 2～3 步处。

（2）引路人走在走廊的左侧，让客人走在路中央（图 7-2）。

（3）要与客人的步伐保持一致。

（4）引路时要注意客人，适当地做些介绍。

2. 在楼梯间引路时

让客人走在正方向（右侧），引路人走在左侧（图 7-3）。

3. 途中要注意引导提醒客人

拐弯或有楼梯台阶的地方应使用手势，并提醒客人"这边请"或"注意楼梯"等（图 7-4）。

图 7-2　在走廊引路

图 7-3　在楼梯间引路（1）

图 7-4　在楼梯间引路（2）

二、开门次序

1. 向外开门时

（1）先敲门，打开门后把住门把手，站在门旁，对客人说"请进"并施礼。

（2）进入房间后，用右手将门轻轻关上。

（3）请客人入座，安静退出。此时可用"请稍候"等语言。

2. 向内开门时

（1）敲门后，自己先进入房间。

（2）侧身，把住门把手，对客人说"请进"并施礼。

（3）轻轻关上门，请客人入座后，安静退出。

三、搭乘电梯

1. 电梯没有其他人的情况

（1）在客人之前进入电梯，按住"开"的按钮，此时再请客人进入电梯（图7-5）。

（2）到达时，按住"开"的按钮，请客人先下。

图 7-5　搭乘电梯

2. 电梯内有其他人的情况

（1）无论进出电梯，都应客人、上司优先。

（2）先上电梯的人应靠后面站，以免妨碍他人乘电梯。

（3）电梯内不可大声喧哗或嬉笑吵闹。

（4）电梯内已有很多人时，后进的人应面向电梯门站立。

乘电梯的礼仪如表7-1所示。

表 7-1　乘电梯的礼仪

过程	礼仪要求
1. 伴随客人或长辈来到电梯前	先按电梯
2. 电梯来时	若客人或长辈不止一人时，可先行进入电梯，一手按开，另一手按住电梯侧门，口中礼貌地说"请进"，请客人们或长辈们进入电梯

续表

过程	礼仪要求
3. 进入电梯后	（1）请按下客人或长辈要去的楼层。 （2）若电梯行进间有其他人员进入，可主动询问要去几楼，帮忙按下。 （3）电梯内可视状况决定是否寒暄，如没有其他人员时可略做寒暄，有外人或其他同事在时，可斟酌是否寒暄。 （4）电梯内尽量侧身面对客人
4. 到达目的地	（1）一手按住"开"按钮，另一手做出"请出"的动作，口中可说："到了，您先请！" （2）客人走出电梯后，自己立刻步出电梯，并热诚地引导行进的方向

💡 提示指导

引导客人中要特别注意的事项：
（1）文件收拾
（2）与客交谈
（3）开门礼仪
（4）衣物挂放
（5）引座礼仪

四、引见

进入大楼，如有需要，先带客人到衣帽间。到达会客室门口，应介绍这是什么地方，然后为客人开门，让客人先进入。见到主人，将客人引见给主人，即先介绍客人，后介绍主人。宾主见面、寒暄后，引导主宾就座于右侧座位上，其他客人会在主宾右侧依次而坐，不必一一引领。所有人员落座后，如无必要留下，引导者可退场。

五、送客

在客厅外应掌握宾主谈话的进程，一旦完毕，应马上出现在客厅里。待宾主告别时，及时引导客人离开。引导者一般应送客至停车处，再与客人握手告别，待客人汽车启动，挥手、目送客人离去。

六、引导礼仪的训练步骤和方法

（1）模拟训练引路，在走廊、上下楼梯、拐弯等地方，要求掌握正确的引路要领。
（2）开门训练中，让每个学生熟悉体验。
（3）结合引路、开门等接待礼节，引导客人入座。
（4）第二天早上，在学校的教学楼前练习开门、迎送、引路、上下楼梯等迎宾练习。
要求：男士服饰是西服领带，女士套装、淡妆上岗；按照正规场合的要求，站、坐、行姿符合礼仪规范，以养成良好的习惯。

【项目小结】

本项目主要介绍了引导者礼仪，包括：在走廊、楼梯间的引导；开门及搭乘电梯等礼仪；引见以及送客。

【思考题】

1. 如何为客人引路？
2. 如果有几位访客同时到来，该怎么应对呢？
3. 设定一个情景为客人引路、上下电梯及开门。

【讨论】

某销售公司的副经理小吴，迎接远道而来的某公司董事长一行。一路上，小吴在车里不是向客人介绍销售公司的情况，便是向客人介绍沿途景观。到公司门口，董事长一行也受到了销售部经理的热情迎接。进电梯时，小吴做了"请"的手势后，便主动进入电梯按住了电梯的按钮，董事长一行则随后进入；当电梯到达他们办公层时，小吴则抢先走出了电梯，并在电梯外按住了电梯按钮，之后请董事长一行一一走出电梯。然后，他走在客人的左前侧，引领客人进销售部办公室。

你认为引导礼仪在服务接待中重要吗？为什么？

【技能训练标准】

实训学时	1学时
实训的方法和手段	1. 语言讲解法、情景教学法、示范分组练习法。 2. 通过情景示范引导学生掌握工作过程中引导礼仪知识与规范
实训的要求和标准	要求：认真听课，深入体会，明确任务，树立信心。 标准：1. 是否掌握了正确的引路要领。 2. 是否熟悉开门的要求与含义。 3. 搭乘电梯时是否能够正确应对
任务考核	1. 学生分组练习，在教师指导下反复训练，纠正错误。 2. 课堂提问、讨论，由老师和同学组成评委，进行现场打分。 3. 分别对每个小组和个人按评分要求打分，最后评出总分
任务布置	在学校的教学楼前进行开门、迎送、引路、上下楼梯、搭乘电梯、示意走向等练习

项目八 仪表仪容礼仪训练

项目八 仪表仪容礼仪训练

【训练目标】
通过仪表训练,用自己的审美情趣,塑造个性的、美好的服饰形象,通过服饰的训练,明确仪表的内涵;了解塑造仪容礼仪的意义,从而为综合形象增添魅力。

【训练要点】
1. 掌握着装的 TPO 原则、西装穿着的方法。
2. 掌握女士套裙的穿着方法。
3. 掌握领带的各种打法。
4. 了解饰品的选择与佩戴礼仪。
5. 掌握工作装的化妆方法和程序要求。

【过程控制】
讲授→示范→服饰穿着→打领带练习→女士化妆练习→观摩→纠正→综合考核。

【技能要求】
了解穿西装的礼节,能熟练地打领带,正确地佩戴项链、戒指等首饰。

【训练口号】
穿出魅力来,穿出品味来,让自己更美。

【案例导入】
小黄去一家外企进行最后一轮总经理助理的面试。为确保万无一失,这次她做了精心的打扮。一身前卫的衣服,时尚的手环,造型独特的戒指,亮闪闪的项链,新潮的耳坠,身上每一处都是焦点,简直是无与伦比、鹤立鸡群。况且她的对手只是一个相貌平平的女孩,学历也并不比她高,所以小黄认为胜券在握。但结果却出乎意料,她并没有被这家外企所认可。主考官抱歉地说:"你确实很漂亮,你的服装配饰无不令我赏心悦目,可我认为你并不适合干助理这份工作。实在很抱歉。"
思考:1. 小黄为什么不适合干助理这份工作?小黄的问题出在哪里?
2. 请你为小黄设计一下面试的服饰。
[评点]
我们应该时刻注意自己的衣着和配饰,并分清场合。对于配饰,宜少不宜多,否则给人一种张扬、压抑、凌乱、不持重的感觉。
仪表指一个人的外表,包括人的形体、容貌、服饰、姿态、举止、风度等方面。仪容,是指人的外观、外貌。仪表仪容,是一个人的精神面貌和内在气质的外在体现,是一个人的"门面""招牌",又是一个人的内心素质、内在修养的显露。

任务一 掌握看场合穿衣服的原则

看场合穿对衣服,是教养。生活有礼仪,穿衣有常识。一个人的仪表仪态展示给别人的其实不仅仅是外表,还反映出一个人的内在素质。不同的场合对于着装的礼仪有不同的要求和规范,学习这些对大家在今后的职场礼仪着装方面有所帮助。

一、着装的原则

着装应符合自己的身份。

1. 着装 TPO 原则

着装代表整个人的形象，侧面折射出一个人的精神状态和内在修养。

正确的着装，能使形体、容貌等形成一个和谐的整体美。着装的整体美是由服饰的内在美与外在美构成的。外在美是指人的形体及服饰的外在表现；内在美指人的内在精神、气质、修养及服装本身所具有的"气韵"。穿着得体，不仅能赢得他人的信赖，给人留下良好的印象，还能够提高与人交往的能力。相反，穿着不当、举止不雅，往往会降低个人的身份，损害个人的形象。由此可见，着装上一定要成功。

TPO 是英文"time""place""object"三个词首字母的缩写。要求人们在着装时要与时间、季节、时令、地点、场合环境相适应。

（1）时间原则

"T"代表时间、季节、时令、时代。一年有春、夏、秋、冬四季的交替，一天有 24 小时，在不同的时间里，着装的类别、式样、造型也应有所变化。工作时间着工作装，服务于工作，庄重、大方。运动时间着运动服、便装、休闲服，方便随意。

（2）地点原则

"P"代表地点、场合、职位。着装要入乡随俗、因地制宜。例如穿着职业正装去娱乐场所、休闲场所、打网球，会让别人觉得不伦不类，就会被人说成不懂穿衣服的规则。

（3）场合原则

"O"代表目的、对象。场合可以分为正式场合和非正式场合，并且依照礼仪规范和惯例，在不同的场合选择不同款式的服装。工作场合需要穿工作装，社交场合穿正装。还有就是要考虑到你的目的性。比如为了表达自己悲伤的心情，可以穿着深色、灰色的衣服。

> **提示指导**
>
> 如果你的工作很忙，又没有时间回家换衣服，建议你在办公室放一套休闲装和一双休闲鞋，使你在参加娱乐活动中风姿绰约，光彩照人。

【思考与练习】

穿衣也有原则

小齐为了商谈一桩生意，相约了客户在周日中午十二点在某酒店见面。为了促成生意，他想从修饰仪表上给客户留下好印象。星期天一大早，小齐就西服革履地打扮好去赴约。他们边吃边聊，大家好不开心快乐！生意谈得很成功。饭后，对方提出到保龄球球馆打保龄球。在球场上，小齐不断为客户鼓掌叫好，在客户的强烈要求下，小齐不好推托，只好勉强站起来，整理好服装，拿起球做好投球准备，当他摆好姿势用力把球投出去时，只听到"嚓"的一声，上衣的袖子扯开了一个大口子，弄得小齐十分的尴尬。

思考：作为一位气质、修养俱佳的职业人员，需要注意场合上的哪些问题呢？你要是小齐，会着什么服装到保龄球球馆打保龄球？

着装一定要符合场合,要提前预料到工作的目的,可以备好娱乐场所衣服。

2. 整体性原则

正确的着装能起到修饰形体、容貌等作用,形成和谐的整体美。服饰的整体美包括人的形体、内在气质和服饰的款式、色彩、质地、工艺及着装环境等。服饰美从这多种因素的和谐统一中显现出来。

3. 个性化原则

着装的个性化原则主要指依个人的性格、年龄、身材、爱好、职业等要素着装,力求反映一个人的个性特征。选择服装因人而异,着重点在于展示所长,遮掩所短,显现独特的个性魅力和最佳风貌。现代人的服饰呈现出越来越强的表现个性的趋势。

4. 干净整洁原则

在任何情况下,服饰都应该是整洁的。一个穿着整洁的人总能给人以积极向上的感觉,并且也表示出对交往对方的尊重和社交活动的重视。整洁原则并不意味着时髦和高档,只要保持服饰的干净合体、全身整齐有致即可。衣服不能沾有污渍,不能有绽线的地方,更不能有破洞,扣子等配件应齐全。衣领和袖口处尤其要注意整洁。

二、男士公务场合着装的礼仪

公务场合是指执行公务(正式)时涉及的场合。例如写字间、谈判间,以及外出执行公务等,公务场合着装的基本要求是庄重保守,穿着整齐,保持庄重大方,不能过于强调个性。男士公务场合着装礼仪需要考虑以下因素。

(一)男士公务场合着装的礼仪规范

1. 讲究场合

公务场合,应穿同质同色的颜色素雅的正装西装套装,以深色、单色为宜。样式应简洁,色调应较深,一般黑色、灰色和藏青色为首选。

2. 配好衬衫

在公务场合,衬衫的颜色最好是白色、浅色,与西装配套的,须挺括、整洁、无皱折。打领带时领扣和袖扣必须系好,衬衫袖应比西装袖长出2厘米左右,衬衫领应高出西装领1厘米左右。衬衫下摆必须扎进裤内。

【思考与练习】

衬衫褶痕带来面试尴尬

一名刚毕业的大学生准备参加招聘面试。他买了件新衬衫,在面试当天才拆开。他并不在乎衬衫上有褶痕,因为穿上西装就能挡住了。但是,没料到面试过程中,主试者却让他把西装脱了好随便一点。他当时就傻眼了,满脑子想的都是衬衣上的褶痕。

思考:从这位大学生参加招聘面试上你有什么启发?应注意哪些重要的小节?

注意那些极重要的小节,从而使你的职业形象更加完美。往往有一些小地方,也许是忘了或未发觉的小事,会令你尴尬。

3. 系好领带

领带是"西装的灵魂",可以起到"画龙点睛"的作用。穿西装必须系领带,领带必须打在硬领衬衫上，要与衬衫、西服和谐，领结要饱满，与衬衫的领口吻合，要紧凑，领带的长度到皮带扣处为宜。领带夹是用来固定领带的，夹在衬衫第三粒与第四粒扣子间。穿毛衣或背心时，领带必须置于毛衣或背心内。

4. 用好衣袋

西装的驳领上有一只扣眼，叫插花眼，是参加婚礼、葬礼或出席盛大宴会、典礼时用来插鲜花用的。西装的左胸外面有个口袋，这是用来插手帕的，起装饰作用，不宜插钢笔或放置其他东西。上衣内袋一般用作放笔、证件、票夹、名片盒等物品。裤袋用作插手或放小物品，后袋可放零钱、通讯录、纸巾之类，以求臀位合适，裤型美观。

5. 系好纽扣

西装有单排扣和双排扣之分。穿双排扣的西装一般应将纽扣都扣上。穿单排扣的西装，如是两粒扣的，讲究"扣上不扣下"，只扣上面的一粒，三粒扣的要么只系中间的纽扣，要么系上面的两粒纽扣。

6. 穿好鞋袜

穿西装一定要穿皮鞋，鞋面一定要整洁光亮。皮鞋的颜色要与西装相配套，黑色皮鞋应配深色袜子。

男士公务场合着装的礼仪规范如图 8-1 所示。

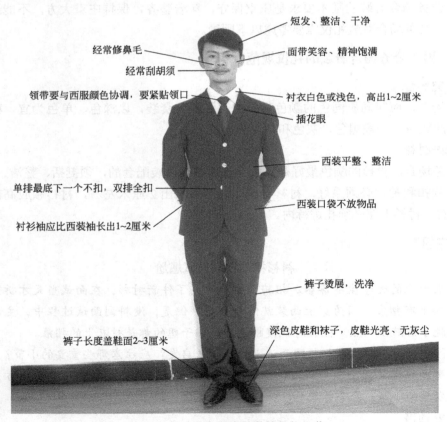

图 8-1　男士公务场合着装的礼仪规范

【思考与练习】

一双白袜子毁了一桩大生意

某公司的老总到国外宣传推广自己的企业，来宾都是国际著名投资公司的管理人员，场面很正式。但听众们发现台上的老总虽然西服革履，裤脚下却露出一截棉毛裤的边，而且老总的黑皮鞋里是一双白袜子。来宾们产生了疑问，这样的老总能管好他的企业吗？这个公司的品质能保证质量吗？后来合同就不了了之了。

思考：如果您是一位男士，应邀参加一次商务活动，您将如何着装？

穿西服时袜子最好不要穿白色的，因为如果你坐下来，裤子的拉伸会使你的袜子露出来，白色太过显眼，而且白色的容易脏，如果让别人看到污渍，会影响你的形象。

（二）男士着装应注意的问题

（1）在公务场合，应穿西装、打领带、深色皮鞋、深色袜子。西装口袋不要装笔等物品。

（2）三个三原则

① 三色原则：全身衬衣、领带、腰带、鞋袜不要超过三个色系。

【思考】

三色原则是指着装应注意什么？

是指男士在正式场合穿着西服时，全身颜色必须限制在三种之内，否则就会显得不伦不类，失之于庄重和保守。

② 三一定律：鞋子、腰带、公文包是一个色系。

【思考】

三一定律是指男士穿着西装应注意什么？

是指男士穿着西服外出时，身上有三个部位的颜色必须协调统一，这三个部分分别是鞋子、腰带、公文包。最理想的选择是鞋子、腰带、公文包皆为黑色。

③ 三大禁忌：穿白袜子；穿夹克衫打领带；袖子商标不拆。

【思考】

你知道穿着西装有哪些禁忌吗？

在正式场合穿着西服时，不能出现的三个错误：袖口上的商标未拆。在非常正式的场合穿着夹克打领带。男士在正式场合穿着西服时袜子出现了问题。在商务交往中有两种袜子是不穿为妙的，第一是尼龙丝袜，第二是白色袜子。

（3）避免领带打法错误。

（4）避免袜子与皮鞋颜色不一致。

💡 **提示指导**

男士西装的穿着要遵循"三色原则"，西装口袋里不要装物品，西服裤要烫熨平展，标准的西裤长度为裤管盖住皮鞋。忌不扣衬衫扣就佩戴领带，宜白色或单色衬衫，领口、袖口无污迹。

忌西服配运动鞋，忌袜子与皮鞋颜色不一致，忌不拆袖子上的商标，应每天刮胡须。

三、女士西装套裙

在公务场合,女士应选择庄重高雅的西装套裙(裤),并配以高跟鞋。西装套裙是目前最适合职业女性的服装,能充分显露职业女性的高雅气质和独特魅力。

(一)女士着装的TPO原则

在正式的场合里,女士应选择正式的职业装。服装的质地应尽可能考究、不易皱褶,色彩应纯正。服装应以舒适、方便为主,以适应整日的工作强度。办公室服饰的色彩不宜过于夺目,应尽量与办公室的色调、气氛保持和谐,并与具体的职业分类相吻合,忌用袒露、花哨、反光的服饰。

【思考与练习】

令人大吃一惊的办公衣着

某代表团到当地博物馆参观,博物馆派了一位30多岁的女讲解员接待代表团。这位讲解员身材高挑,当代表团成员们见到这位30多岁的讲解员时,感觉她的穿着令人很不舒服。该讲解员穿了一件黑色的西装上衣,白色的衬衣领翻在西装外面,一条紧身的红色时装牛仔裤,裤子上还绣有小花,脚上穿了一双棕色高跟鞋,披散着一头卷发。

思考:请你为这位女士设计一套符合她职业身份的服装。

女人的品位和魅力显现于外表,"此处无声胜有声",服装搭配一定要符合场合、职业、时间、地点的要求,颜色的搭配要协调,以三色为主。

(二)女士套裙礼仪规范要求

在正式的场合,女士要以西服套裙为主,其礼仪规范要求如图8-2所示。

1. 套裙的选择

(1)质地。一般选择质地较好的纯毛面料,不起皱、不起毛、悬垂挺括。

(2)款式。款式选择要考虑年龄、体形、肤色、气质、职业等特点,宜简单,不宜过分夸张、花哨,应符合正式的着装。

(3)色彩。色彩应纯正。以冷色调为主,体现出着装者的典雅、端庄与稳重。一套套裙的全部色彩至多不要超过三种,不然就会显得杂乱无章。

2. 套裙的穿着

(1)要大小合适。女士的套裙要求上衣不宜过长,下裙不宜过短。通常套裙之中的上衣最短可以齐腰,而裙子最长则可以达到小腿的中部。上衣或裙子尺寸需要考虑年龄、体形、气质、职业等特点,大小要适合。上衣的袖长以恰恰盖住着装者的手腕为好。不要穿超短裙,不要穿领口过低的衣服。

(2)穿着要到位。上衣的衣扣必须全部系上,领子要翻好。有袋的盖子要拉出来盖住衣袋。不要将上衣披在身上,或者搭在身上。裙子要穿得端端正正,上下对齐。应将衬衫下摆掖入衬裙与套裙腰之间,切不可将其掖入衬裙裙腰之内。

(3)要考虑场合。社交场合、正式场合一定要着正装。

(4)要统一协调。即在西装裙(裤)、化妆、饰品三者之间要协调,发型、妆容、手袋、鞋相统一。佩戴饰品不宜夸张,手袋宜选择款型稍大的公务手包。

项目八　仪表仪容礼仪训练

图 8-2　女士套裙礼仪规范要求

3. 鞋的穿着

在正规场合和商务场合宜为高跟鞋或半高跟鞋，颜色与套裙相协调。不要穿鞋跟太高太细的高跟鞋，以免腿部和脚部易疲劳，站立难持久，或者走起来步履不稳，影响形象。如果在接待客人时把脚扭伤或摔倒，就会很难堪。凉鞋不宜采用。

【思考与练习】

露趾凉鞋见客丢了印象分

C公司准备请一位事业上很有成就的女企业家到该单位传授经验，C公司分公司经理在办公室外等待的时候，想到女企业家的名气和出色的业绩，不禁感到有些紧张。当她被请进办公室，见到这位女企业家的时候，她心中的紧张感立刻就没了，并且还平添了几分自信。她看到这位女企业家穿了一身超短的套裙，还穿了一双露着脚趾的凉鞋，对她的印象立刻大打了折扣。

思考：在正式场合着职业套裙鞋袜的礼仪要求是什么？如何树立你的职业形象？

在正式场合要遵守着装的礼仪原则，要穿庄重的正装，鞋一定要前不露脚趾，后不露脚跟，不能穿着跳丝的丝袜。

4. 袜的穿着

穿西服套裙时，要穿肉色的长筒或连裤式丝袜，不能光腿或穿彩色丝袜、短袜，不能有脱丝、有洞、不打包、不起皱、无缝补痕迹，尤其不能拿健美裤、九分裤充当袜子。

男、女士袜的穿着规范如表 8-1 所示。

表 8-1 男、女士袜的穿着规范

男　性	女　性
男员工应穿黑色或深蓝色、不透明的短中筒袜	女员工着裙装需着肉色袜，禁止穿着带花边、通花的袜子，无破洞，袜筒根不可露在外

5. 内衣的穿着

内衣颜色不要外泄，内衣（裤）颜色应与外套协调一致。

> **提示指导**
>
> 在正式场合杜绝穿黑色皮裙，不光腿，袜子上不能有洞，可以在皮包内准备一双备用袜，套裙不能配便鞋，穿凉鞋一定要前不露脚趾、后不露脚跟，不能出现三截腿（裙子一截、腿一截、袜子一截），不能将长筒袜卷曲一截。全身三种颜色以内。

【思考与练习】

王小姐穿一身职业套裙和半高跟鞋，长着一头乌黑漂亮的秀发，她总是舍不得将它盘起，而是让头发垂于腰际，时不时就情不自禁地用手去撩起头发，怕挡着自己的眼睛和脸。跟客人谈话，有时她还会用手整理头发以确保仪容整齐。许多人也许会认为不时地用手抚弄自己的头发会有一种说不出的风度和气质。

思考：1. 你是怎么看的？

2. 这样做妥不妥？应当怎样做才能符合礼仪规范？

职业人员跟人交谈时不时整理自己的头发，这样是非常犯忌讳的，是非常没有礼貌的一种行为。没有整理好仪容就与客人交谈是很不妥当的，是对客人的不尊重。职业人员在职场中头发应当扎起来、束起来或盘起来才符合礼仪规范。

（三）女士西服着装的基本要求

（1）一定要成套着装。

（2）上装和裙子色调统一。

（3）穿套裙一定要配以连裤袜或长筒丝袜。

（4）套裙最好与皮鞋搭配。

（5）着套裙时对衬衣、袜子、鞋子、饰物甚至皮包的选择，都应注意搭配协调。

（四）女士着装应注意

不能太薄。正式场合着裙装。注意领边、肩头、袖口。保持丝袜完好。

四、男士西装、女士套裙着装的具体要求

男士西装、女士套裙着装的具体要求如图 8-3 所示。

项目八　仪表仪容礼仪训练

男士着装的基本要求	正装西装三要求
整洁 雅致 和谐 恰如其分	单色 纯毛 单排扣

西装穿着具体要求	西服着装应遵循"三个三"
①程序：理发-衬衫-西裤-皮鞋-系领带-穿上装 ②上下颜色、质料、款式一致 ③衬衫领子应干净平整 ④领带的颜色和图案与衬衣和西装搭配协调 ⑤穿西装一定要穿皮鞋 ⑥注意单、双排扣纽扣系法 ⑦西裤裤长合适 ⑧袜子的颜色宜深色	1. 三色原则：全身颜色不得多于三种颜色(色系) 2. 三一定律：鞋子、腰带、公文包三处保持一个颜色，黑色最佳 3. 三大禁忌：①穿白袜子；②穿夹克衫打领带；③袖子商标不拆
女士套裙着装的基本要求	女士商务人员着装应注意
一定要成套着装，上装和裙子色调统一，穿套裙一定要配以连裤袜或长筒丝袜，套裙最好与皮鞋搭配。着套裙时对衬衣、袜子、鞋子、饰物甚至皮包的选择都应注意搭配协调	套裙的款式："H""X""Y"。色彩：冷色调为主。裙服四忌：穿着黑色皮裙，裙鞋袜不搭配，光脚，三截腿。佩戴手饰以少为佳

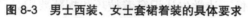

图 8-3　男士西装、女士套裙着装的具体要求

五、社交场合着装的礼仪

社交场合指的是宴会、舞会、音乐会，朋友之间的聚会，各种各样的沙龙。着装要求是时尚个性，穿时装、穿礼服、穿民族服装比较好。如果打扮得过分正规，穿套装、制服，则未必得体。

1. 社交场合的着装原则

（1）服饰要与你将参加的场合环境相适宜。无论是在宾馆、海滩、舞厅等，你的服饰一定要和周围环境保持和谐相称，否则你在相应的环境里会显得格格不入而滑稽可笑。比如职业装不可穿到舞会。

（2）服饰要符合时间原则。这里的时间原则不仅包括季节上的差别，同时也不要忽略了要与你的年龄相适应。衣服或成熟性感，或清纯婉约，切不可年纪轻轻穿得老气横秋去参加社交活动，否则会产生尴尬的局面。

（3）与你的圈子相适宜原则。你的社交圈里的朋友们都是年轻活力型的，那么你切不可弄得另类，穿着太过格格不入，日积月累便容易不自觉地被排斥。

2. 注重社交时的着装原则

无论你是进行商务谈判，还是舞会，讲究的着装会使你显得端庄大气，对于获得良好的社交结果会有帮助。如果受邀参加活动，要看邀请函上是否标出了服装要求，按要求着装。

六、休闲场合着装的礼仪

休闲场合的着装应本着舒适、自然的原则。休闲者的打扮随意就好，凭个人喜好，如穿牛仔装、运动装、沙滩装、拖鞋、T恤、短裤最佳，这样都比较随意，可分场合穿恰当的服装。

【思考】

你能说出以下不同场合（公务、社交、休闲、游览、赴宴）的着装要求吗？

公务场合：干练、严谨、利落、整洁。

休闲场合：舒适、淡雅、柔和。

晚宴场合：精致、典雅、个性、靓丽。

外出游览：便捷、舒适、利落。

提示指导

休闲场合不要穿西装、套装、套裙或制服等正式场合的服装，那会使你显得不伦不类。不要不顾当地的民族习惯，如在保守的地区穿得过分暴露。

七、服装礼仪的实训步骤和方法

要求：学生准备好职业装、西装、女套裙；实训时要求穿好服装。

（1）播放服饰礼仪录像，让学生认识穿着技巧和规范要求。

（2）老师示范或找学生做模特进行讲解，分组实操练习。

（3）分组组织学生开展服饰表演活动，要求姿态优美、面带微笑，现场伴随着优美的音乐评比表演，培养学生的审美情趣。

任务二　掌握领带的打法

一、领带的选择

领带是"西装的灵魂"，起着画龙点睛的作用。因此，对其规范问题应更为重视，即便是小的闪失，也要尽量避免。

1. 领带的长度

日常所用的领带，通常长130～150厘米。领带打好之后，外侧长于内侧，下端正好触及皮带扣的上端。以大箭头垂到腰带下沿处为佳，可上下浮动一寸左右。

2. 领带的结法

领带扎得好不好看，关键在于领结打得如何。打领带结有三点技巧，一是要打得端正、挺括，外观上呈倒三角形（练习几种领带的打法）。二是在收紧领结时，有意在其下压出一个窝或一条沟来，使其看起来美观、自然。三是领带结的大小应与所穿的衬衫领子的大小成正比。

穿马甲或毛衣，一定要把领带放在毛衣、马甲里面，毛衣、马甲的下摆切不可塞进裤子里面。

3. 领带的款式

领带的款式即外观形状，有"直、横、宽、窄"之分。横式领带即领结，又分为小领花和蝴蝶结。直式领带还有箭头与平头之别，前者下端为倒三角形，比较传统，适用于各种场合；后者下端为平头，比较时髦，多用于非正式场合。

4. 领带的选择

领带应与西装和衬衫相协调，要干净、平整、不起皱。在喜庆场合，宜选用鲜艳亮丽的领带；在庄严肃穆的场合，应选用深色或黑色的领带；在正式场合，最好选单一颜色的领带，可以跟西装一个颜色。

注意：避免大明黄色或明蓝色领带，这在国际上是同性恋的象征。

5. 领带的领带夹

领带夹主要是为了固定领带，也起美观作用。一般夹在衬衫的第三、第四粒扣子中间，即衬衫口袋中部略上一点；也可将领带夹别在里面而不外露，只起固定作用。

二、领带的系法

领带的系法一般有以下几种。

1. 交叉结

这是单色素雅且质料较薄领带适合选用的领结，喜欢展现流行感的男士不妨多加使用（图 8-4）。

2. 双环结

一条质地细致的领带再搭配上双环结颇能营造时尚感，适合年轻的上班族选用。该领结完成的特色就是第一圈会稍露出于第二圈之外（图 8-5）。

图 8-4 交叉结　　　　　　　　　图 8-5 双环结

3. 温莎结

温莎结适用于宽领型的衬衫，该领结应多往横向发展。应避免材质过厚的领带，领结也勿打得过大（图 8-6）。

4. 十字结（半温莎结）

此款结型十分优雅及罕见，其打法亦较复杂，使用细款领带较容易上手，最适合搭配浪漫的尖领及标准式领口衬衫（图 8-7）。

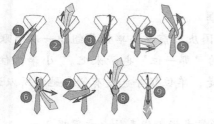

图 8-6 温莎结

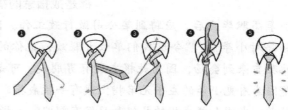

图 8-7 十字结

5. 双交叉结

这样的领结很容易让人有种高雅且隆重的感觉，适合正式的活动场合选用。该领结应多运用在素色且丝质领带上，若搭配大翻领的衬衫，不但适合且有种尊贵感（图 8-8）。

图 8-8 双交叉结

三、领带打法的实训步骤方法

（1）教师讲解、示范打领带的方法，学生跟随反复练习。
（2）对镜自己练习打领带的几种方法。
（3）同学之间互相给对方打领带，并纠正练习。
（4）分组比赛打领带的不同方法，比较哪组打得既规范又优美。

任务三　掌握饰品礼仪

一、首饰佩戴

饰品是现代人的出门必需品，每个人身上多多少少都有一两件饰品。巧妙地佩戴饰品能够起到画龙点睛的作用。在职场中，饰品可以装饰自己，把自己的气质、气场衬托出来，但是一定要注意自己的饰品不能影响到同事。

（一）戴戒指的礼仪

佩戴戒指最主要的注意事项，是搞清自己应将戒指戴在哪只手的什么手指上。

戒指戴在不同的手指上传递的信息不同。戒指决不戴在大拇指上。戒指戴在食指上，表示无偶或求婚。戴在中指上，表示本人正在寻求对象或正处于热恋之中。戴在无名指上，表示已经订婚或已经结婚。戴在小指上则表示是独身者，不求婚，终身不嫁或终身不娶。结婚戒指不能用合金制造，必须用纯金、纯银或白金制成，以示爱情的纯洁。

【思考与练习】

都是戒指惹的祸

小李高职毕业后，应聘到某公司做行政工作。国庆节前夕，单位要组织一次大联欢，单位领导对小李说："今晚我们单位大联欢，把你的'那一位'也带来吧。"小李愣住了，晚上她独自来到会场，因为她根本没有男朋友。可是，单位领导也没有错，她之所以这么说，是因为看见小李的左手无名指上戴有一枚戒指。

思考：中国人戴戒指的礼仪和习俗有哪些？十指戴戒指都代表什么意思呢？

戒指一般不宜随便乱戴,是讲究规则的,按习俗它戴在各个手指上所表示的含义不一样,这是表达一个人的语言,也是一种信号和标志,所以在佩戴时要细心考虑,以免闹出笑话。戒指的佩戴,往往暗示佩戴者的婚姻和择偶状况。

一定要把结婚戒指亲手戴在对方的左手无名指上。戒指戴在不同的手指有不同的意义,右手和左手都有不同的意义。右手小指:不谈恋爱。右手无名指:热恋中。右手中指:名花有主。右手食指:单身贵族。左手小指:不婚族。左手无名指:结婚。左手中指:订婚。左手食指:未婚。

(二)戴项链的礼仪

项链是颈部的环形首饰,男女均可使用,是佩戴时间长、范围广泛的重要首饰,种类繁多。男士所佩戴的项链一般不应外露且不应多于一条,但可将一条长项链折成数圈佩戴。戴项链时,要与服装、颈部和肤色相协调。夏天因衣着单薄,佩戴金、银、珠宝项链都很美。浅色的毛衫要佩戴深色或艳一些的宝石类项链;深色的毛衫可佩戴紫晶或红玛瑙项链。项链的粗细,应与脖子的粗细成正比。脖子较粗的人应选择较细的项链,脖子较细的人应选较粗的。从长度上区分,项链可分为四种。一种是短项链,适合搭配低领上装。二是中长项链,可广泛使用。三是长项链,适合女士用于社交场合。四是特长项链,适合女士在隆重的社交场合佩戴。

> **提示指导**
>
> 项链和戒指的颜色应当一致,一次佩戴最多不要超过两个。学生不要戴太多的首饰。穿职业装时,最适合佩戴珍珠或做工精良的黄、白金首饰;穿晚装时,可以戴宝石或钻石首饰;穿休闲装时,比较适合戴个性化或民族风格的首饰。到西方国家去,慎戴十字架的项链。

二、饰物佩戴方法

(一)男士饰物的选择

男士饰物一定不宜太多,太多则会少了些阳刚之气和潇洒之美。一条领带、一枚领带夹、某些特殊场合在西服上衣胸前口袋上配一块装饰手帕就够了。职业人员适宜佩戴的饰品除了首饰、钢笔,还包括手表、皮具等。不论佩戴哪一种饰品,都是各有各的礼仪规范。

1. 皮带

皮带是男士正装必备的配件,皮带的材质有猪革、牛皮、羊皮、鳄鱼皮、仿皮,以及休闲的帆布等。正装男士皮带一律应该是黑色的,深色西装可配深色腰带,皮带以皮质的为首选,浅色西装配或深或浅的皮带皆可。此外,皮带的颜色应与皮鞋协调。选择一条质量上乘、款式大方、新颖别致的皮带,可以增加男人的风度和气质。

应注意几个细节。不能携挂过多的物品。皮带的长度是不应忽视的,系好后的皮带,尾端应介于第一和第二裤袢之间。皮带的宽度应保持在3厘米。

2. 皮夹与名片夹

皮夹与名片夹是男士重要的随身物品，颜色可选含有华贵之感的暗咖啡色或黑色。名片夹用于装自己的名片和他人给予的名片，以皮制的最好，金属的次之。

3. 手表与钢笔

手表与钢笔被认为是身份的象征。手表最好戴机械表，款式要简单。在商界，钢笔历来被视为商务人员的"武器"，也是常备的饰品。选择钢笔要对品牌、式样、功能、类别等四方面给予重视。钢笔的正确携带位置应该是男士西装内侧的口袋，而不应该是男士西装的外侧口袋，一般情况下我们也尽量避免把它携带在衬衫的口袋里，那样容易把衬衫弄污。

4. 公文包

公文包是男士上班族不可缺少的伴侣。在选择公文包的时候，它的式样、大小应该和整体的着装配合，通常应当是真皮制作的，猪皮、牛皮、羊皮均可。可用来装手机、名片、笔记本、笔等物件，方便时髦，用途广泛。可以选购黑色皮带的公文包。

5. 眼镜

眼镜的选择要充分考虑自己的身材、年龄和肤色。

（二）女士饰物的选择

1. 公文包或手提小包

公文包和手提小包带一个即可，不要两个都带。

在多数面试场合，携带公文包比手提小包更能体现出权威性。你可以把手提包里的东西放进一个无带小提包，然后把它装进公文包内，但不要把包塞得满满的。如果个子较矮小，包则不宜过大，否则会显得极不协调。

> 💡 **提示指导**
>
> 无条件买不同手提包配不同衣服的女性，可选择黑、白、咖啡三种色调，配衣服时就不必过多考虑了。

2. 帽子

不管是否戴帽子，都必须持谨慎态度。假如想要帽子与全身服饰很相配，就请选择一顶既无饰边也不艳丽却很雅致的帽子。

3. 首饰

首饰尽量少戴。拇指戴戒指不能为人所接受。耳环应当小巧且不引人注目。项链选择朴实无华的就好。总之，戴首饰的重要原则是：少而美。

4. 眼镜

眼镜会使一些人外表增色，也可能使一些人显得不协调。尽量选择适合自己的镜框。最好能使人感觉稳重、谦和。

5. 围巾

一条漂亮的围巾有画龙点睛的妙用。穿蓝灰色服装，配上一条色彩浓郁、风格热烈的围巾，能达到生气勃勃的效果。穿一套藏青色的西服，应围一条浅色调的围巾，既能衬托红唇黑眸，又能保持藏青色清爽如水的气质，衬托出女性的敏捷和果断。

项目八 仪表仪容礼仪训练

（三）首饰佩戴三不戴

（1）有碍自己服务工作的首饰不戴。
（2）炫耀自己财力的首饰不戴。
（3）张扬性别的首饰不戴。

> 💡 **提示指导**
>
> 工作时佩戴首饰也要注意遵守约定俗成的规矩。佩戴首饰切忌太长闪光，不宜太高档，不宜镶有太大颗的玉，佩戴首饰以少为佳。如果需要补口红、粉底，应该到盥洗室或无人的地方，不能当着他人尤其是在饭桌、商谈场所这些场合公开补妆。

任务四　掌握仪容礼仪

仪容，通常是指人的外观、外貌。其中的重点，则是指人的容貌。在人际交往中，每个人的仪容都会引起交往对象的特别关注，并将影响到对方对自己的整体评价。在个人的仪表问题之中，仪容是重点之中的重点。

清洁卫生是仪容美的关键，是礼仪的基本要求。

要求：面必净、须必剃、发必理；甲必修、口必漱、妆必适。

一、面容的修饰

（一）头发的规范要求

头发要经常梳洗，保持整齐清洁、自然色泽，切勿标新立异。

1. 男士发型的要求

男士的头发侧不遮耳，后不及领，前不及额。应经常清洗，梳理整洁。

2. 女士发型的要求

工作场合不宜披发，头帘不宜挡盖眼睛，长发应当扎起来、束起来或盘起来。

男、女士发型规范要求如表 8-2 所示。

表 8-2　男、女士发型的规范要求

男　性	女　性
前发不过眉，侧发不盖耳，后发不触后衣领，无烫发	女员工发长不过肩，如留长发须束起或盘发髻

（二）面部修饰

"三分容貌、七分打扮。"自然美给人以朴素、纯真的美感，而美容美却有锦上添花、风采照人的魅力。面部修饰不仅指涂脂抹粉，更重要的是艺术造型。所以其首先应符合自己的身份、年龄和职业，其次根据自己的性格、气质、交际场合来选择修饰方法。

（1）眼睛：清洁、无分泌物，避免眼睛布满血丝。

（2）鼻子：别让鼻毛探头探脑，勿当众抠鼻子。
（3）嘴巴、牙齿：清洁、无食品残留物、无异味。
（4）男士的胡子：每日一刮、干净。

注意个人卫生，身体、面部、手部保持清洁。勤洗澡，无体味。上班前不吃异味食物，保持口腔清洁，上班时不在工作场所内吸烟，不饮酒，以免散发烟味或酒气。

男、女士面部修饰规范如表 8-3 所示。

表 8-3 男、女士面部修饰规范要求

男　　性	女　　性
脸、颈及耳朵保持干净，每日剃刮胡须	脸、颈及耳朵保持干净，上班要化淡妆，但不得浓妆艳抹和在办公室内化妆

（三）其他注意事项

（1）指甲：清洁、定期修剪，忌红、紫（可美甲）。
（2）饰物：检查有无污损或被碰歪了。
（3）衣服干净，尤其是衬衫的领与袖。
（4）勤洗澡，身体无异味。

二、化妆

1. 女士化妆的基本要求

基本要求：淡妆、自然、得体（图 8-9）。

图 8-9　女士化妆的基本要求

（1）自然、淡雅，不过分时尚。
（2）美化、庄重，符合公众审美标准。
（3）简洁、协调，能扬长避短。

2. 女性化妆禁忌

女性化妆的目的是给人以清洁、健康、漂亮的印象。必须注意避免以下几点：
（1）浓妆、残妆示人。

（2）离奇古怪。
（3）当众化妆。
（4）当众指教他人。包括当众议论和批评他人的妆容。

3. 化妆应注意的问题

化妆要遵守淡妆上岗的原则，要分场合：工作时间、工作场合只能允许工作妆（淡妆）。不要在他人面前化妆和补妆，不要非议他人的化妆。吊唁、丧礼场合不可化浓妆，也不宜抹口红。不要借用他人的化妆品。要准备好适合给自己化工作妆、生活妆的化妆用品。

4. 职业女性的化妆方法程序

职业女性的化妆方法程序如图 8-10 所示。

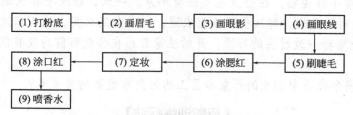

图 8-10 职业女性的化妆方法程序

> **提示指导**
>
> 化妆一定要符合场合、时间、地点。女士化妆应当掩饰自己脸上的缺陷，突出长处，留下好印象，女士不要当着别人的面化妆，尤其不要在男士面前补妆。化妆不要随意涂抹，职业女性化妆应自然优雅，用柔和细腻的粉底、干练的淡妆唇膏。香水一般喷洒在耳后、脖颈、发梢、指尖、手肘内侧，香味持续较久；男士喷香水于颈后、胸前、手掌、头发。

5. 男性化妆应注意的问题

男性应经常修面，整理发式，给人一种潇洒雄健、健康向上的感觉。

三、职业装的训练步骤和方法

要求：女同学备齐化妆品。

（1）从头开始，练习发型设计，同学们之间分组，根据对方脸型设计发型。
（2）男女生对镜修饰自己的发型。
（3）老师现场找学生操作示范并讲解化妆过程。
（4）女生对镜自己练习画淡妆。
（5）学生实际操作，按照化妆步骤，进行自我化职业淡妆的练习。

【项目小结】

本项目重点阐述了职业人员看场合穿衣服及着装的原则、领带的各种打法、饰品的选择与佩戴方法，以及美容与化妆时应注意的事项和主要禁忌。通过本项目的学习，职业人员可以养成不卑不亢、落落大方、符合职业要求的审美观。

【思考题】

1. 着装的 TPO 原则有哪些?
2. 西服的穿着有哪些礼仪规范?
3. 职业女性应如何着装?
4. 女士应如何选择佩戴饰品?
5. 说说你的服装搭配原则,每人搭配一身衣服,说明自己的着装原则。
6. 学生着装的特点和禁忌。

【讨论】

某公司的助理不修边幅,在企业也不注重形象。一天,经理不客气地批评他不注重仪表,说:"你是公司的代表,却这样不注重衣冠,别人会怎么想,连人都这样邋遢,他的公司会好吗?"从此助理一改过去的习惯,开始注意自己在公众面前的仪表仪态,生意也随之兴旺起来。

为什么说在当今社会中企业的形象和员工的形象有重要的关系呢?

【技能训练标准】

实训学时		4 学时
实训的方法和手段		示范讲解;模拟——演练模拟、情景模拟、角色模拟;操作——现场操作、双方操作、组内操作。本实训任务分组进行,每组组长负责,并按照要求明确分工,做到责任落实到每一个学生
实训的要求和标准	看场合穿衣服	要求:会应用知识,协调搭配服饰的颜色,会为自己设计不同场合的服装。 标准:1. 以组为单位设计一套正式场合的着装,并组织现场表演。 2. 表演要结合所学的知识来设计,要展示出个人形象风采
	领带的打法	要求:会打领带。 标准:领带的各种系法。包括温莎、半温莎、双环结等,以组为单位完成技能训练任务
	饰品礼仪	要求:首饰佩戴正确,饰物选择符合要求。 1. 以职场为蓝本,自由编撰一个情景剧,在情景模拟中要注意展现自身良好的仪容、仪表、服饰、仪态。对每组学生的表演请大家现场点评。 2. 根据技能训练,每人表演展示包装后的形象风采
	仪容礼仪	要求:各部位协调,与服饰协调,与环境协调。 标准:1. 男士发型要求:头发要经常梳洗,保持整齐清洁、自然。 2. 女士发型要求:工作场合不宜披发,长发应扎起来、束起来或盘起来。 3. 交际场合眼睛、鼻子、嘴巴、牙齿、男士的胡子修饰应符合自己的身份、年龄和职业,其次应符合自己的性格、气质
任务考核	看场合穿衣服	1. 根据年龄、体形、职业和所在的场合描述服饰的搭配技巧。要求端庄、高雅、大方。 2. 会为自己设计正式场合规范的着装和色彩搭配、领带搭配。 3. 分别对每个小组和个人按评分要求打分,最后评出总分
	领带的打法	1. 考核领带的各种手法的系法是否符合标准。 2. 个人分别展示领带的系法的效果,按效果评出分数

续表

实训学时		4 学时
任务考核	饰品礼仪	1. 你如何搭配出符合职业环境的饰品饰物？ 2. 根据自己的气质类型、脸型、肤色，设计个人仪表和佩戴饰物。相互交流。给出分值，教师总结，最后评出总分
	仪容礼仪	1. 化妆的基本步骤和方法。女职员应淡妆上岗，符合身份，符合规律，维护形象。 2. 打粉底—画眼线—施眼影—画眉—上腮红—涂唇彩。小组女生参加、展示化妆后的效果，并现场评点。 3. 面部美容与化妆符合审美标准，注意科学合理、修饰适度得体、坚持修饰避人。 4. 分别对每个小组和个人按评分要求打分，最后评出总分
任务布置		假设你要去参加企业应聘，请为自己设计一套适合应聘的服装，并为自己设计一下妆容和佩戴饰品

项目九　介绍礼仪训练

项目九 介绍礼仪训练

【训练目标】

通过介绍礼仪训练，能够恰当自如地进行介绍与自我介绍，为他人介绍、集体介绍。

【训练要点】

1. 掌握社交活动中三种主要介绍方式。
2. 会正确地在职场上运用介绍礼仪。

【过程控制】

理论讲解→示范→介绍练习→情景模拟→指导纠正→综合考核。

【技能要求】

让学生了解介绍与自我介绍、为他人介绍、集体介绍的关键知识和要点。具备一定的交往礼仪技能，并能够在日常学习、生活、工作环境中运用，发挥其作用。

【训练口号】

我自信，我胆大，我很美。

【案例导入】

张云和朋友赵波一起去听刘教授的公开讲座，赵波对刘教授的讲座非常感兴趣，想与刘教授进一步交流。由于刘教授曾经给张云班级上过课，认识张云，由此赵波想让张云在会后把自己介绍给刘教授。如果你是张云，你会怎样介绍让两人认识呢？

介绍是人际交往中互相了解的基本方式，是人与人相互沟通的出发点，最突出的作用是缩短人与人的距离。在社交和商务场合，能够正确地应用介绍，不但可以扩大自己的交际圈，广交朋友，还有助于进行必要的自我展示、自我宣传，并且能够替自己在人际交往中消除误会，减少麻烦。介绍的语言要规范、符合身份。较为正式的场合的介绍，应使用敬语。根据被介绍的对象不同，可以分为自我介绍、他人介绍和集体介绍三种。

任务一 掌握自我介绍

自我介绍就是不通过第三者，自己把自己介绍给他人。一般指的是主动向他人介绍自己，或是应他人的请求而对自己的情况进行一定程度的介绍。

一、自我介绍的基本程序

先向对方点头致意，得到回应后再向对方介绍自己的姓名、身份和单位，同时递上准备好的名片。自我介绍时，表情要坦然、亲切，注视对方，举止庄重大方，态度镇定而充满信心，表现出渴望认识对方的热情。

> 💡 **提示指导**
>
> 自我介绍是向别人展示你的重要手段，也是认识自我的手段。自我介绍好不好，甚至直接关系到你给别人的第一印象的好坏，以及以后交往的顺利与否。

95

做自我介绍，应根据不同的交往对象内容繁简适度。自我介绍总的原则是简明扼要，一般以半分钟为宜，情况特殊的也不宜超过3分钟。如果对方表现出有认识自己的愿望，则可在报出本人姓名、供职单位、职务（即自我介绍三要素）的基础上，再简略地介绍一下自己的籍贯、学历、兴趣、专长及与某人的关系等。自我介绍应实事求是，不要拔高和贬低自己，不宜用"最""第一""特别"等极端的词语。

二、自我介绍的种类

依据自我介绍时表述内容的不同，自我介绍可分为以下五种形式。

（1）应酬式。如"你好，我叫刘××。""你好，我是刘××。"最为简洁，往往只包括姓名一项，适用于某些公共场合和一般性的社交场合。

（2）工作式。如"你好，我叫刘××，是××广告的业务经理。"适用于工作场合，包括本人姓名、供职单位及其部门、职务或从事的具体工作等。

（3）交流式。如"你好，我叫刘××，在××工作。我是李××的同学。"适用于社交活动中，希望与交往对象进一步交流与沟通。它大体包括介绍者的姓名、工作、籍贯、学历、兴趣及与交往对象的某些熟人的关系。

（4）礼仪式。如"各位来宾，大家好！我叫刘××，是××广告有限公司的业务经理。我代表……"。适用于讲座、报告、演出、庆典、仪式等一些正规而隆重的场合。包括姓名、单位、职务等，同时还应加入一些适当的谦辞、敬辞。

（5）问答式。如"先生，你好！请问您怎么称呼？""请问您贵姓？"适用于应试、应聘和公务交往。问答式的自我介绍，应该是有问必答，问什么就答什么。

【思考与练习】

巧妙的介绍

某厂分来了一位新毕业的大学生，在科室的欢迎会上他这样做了自我介绍，"我叫苏杰，苏东坡的苏，杰出的杰。自古以来姓苏的人才辈出，因此父母也希望我成为一个杰出人才。不过，我刚毕业，事业刚刚开始，但我相信在同志们的帮助下，成功之路就在我脚下"。

在社交或商务场合，如能正确地利用介绍，借自我介绍之际巧妙地表露自己的抱负和谦虚，是聪明之举。

三、自我介绍的注意事项

注意时机：要抓住时机，在适当的场合进行自我介绍。

讲究态度：态度一定要自然、友善、亲切、随和。

注意时间：自我介绍时还要简洁，言简意赅尽可能地节省时间，以半分钟左右为佳。

注意内容：自我介绍的内容包括3项基本要素，即本人的姓名、供职的单位以及具体部门、担任的职务和所从事的具体工作。

注意方法：进行自我介绍，应先向对方点头致意，得到回应后再向对方介绍自己。

（1）做介绍时，可将右手放在自己的左胸上，不要慌慌张张、手足无措，不要用大拇指指着自己。

（2）做介绍时，眼睛应看着对方或大家，要善于用眼神、微笑和自然亲切的面部表情来表达友谊之情。

四、自我介绍的忌讳

（1）不要过分夸张热诚。如大力握手或热情拍打对方手背的动作，可能会使对方感到诧异和反感。

（2）不要中止别人的谈话而介绍自己，要等待适当的时机。

（3）不要态度轻浮，要尊重对方。无论男女都希望别人尊重自己，特别是别人尊重他的优点和成就。因此在自我介绍时，表情一定要庄重。

（4）如果一个以前曾经介绍过的人，未记起你的姓名，你不要做出提醒式的询问，最佳的方式是直截了当地再自我介绍一次。

> 💡 **提示指导**
>
> 介绍时，视线要落在社交范围内（从腰间一直到头部），并在不妨碍他人工作和交际的情况下进行。介绍时一定要讲清自己的姓名、身份、单位等，必要时可以与对方互换名片。

任务二　掌握他人介绍

他人介绍又称第三者介绍，它是经第三者为彼此不相识的双方引见、介绍的一种介绍方式。在他人介绍中，为他人做介绍的第三者是介绍人，而被介绍人所介绍的双方则是被介绍者。他人介绍通常是双向的，即将被介绍者双方各自均作一番介绍。有时，也可进行单向的他人介绍，即只将介绍者的某一方介绍给另一方。其前提是前者了解后者，而后者不了解前者。为他人做介绍时需要把握一些基本的礼仪要求。做介绍的人一般是主人、朋友或公关人员（图9-1）。

图9-1　他人介绍

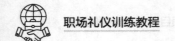

一、他人介绍的顺序

（1）先把男士介绍给女士，再把女士介绍给男士。通常适用于同年龄、同地位的人之间。
（2）先把客人介绍给主人，再把主人介绍给客人。
（3）先把晚辈介绍给长辈，再把长辈介绍给晚辈。
（4）先把地位低者介绍给地位高者，再把地位高者介绍给地位低者。
（5）先把未婚者介绍给已婚者，再把已婚者介绍给未婚者。

> **提示指导**
>
> "后者居上"规则，是指后被介绍者，应较之先被介绍者地位高。
>
> 介绍人一般是：家里来了客人，女主人为介绍人；单位客人的介绍人，第一种是专职人员、公关、文秘、办公室主任，第二种是对口人员，第三种是本单位的领导。

二、他人介绍的方式

（1）一般式或标准式。如"请允许我来为两位引见一下。这位是××公司营销部主任陈小姐，这位是××集团副总王小姐。"以介绍双方的姓名、单位、职务等为主，适用于正式场合。

（2）简单式。如"我来为大家介绍一下：这位是刘总，这位是王董。希望大家合作愉快。"只介绍双方姓名一项，甚至只提到双方姓氏而已，适用于一般的社交场合。

（3）附加式或强调式。如"大家好！这位是××公司的业务主管柳先生，这是小女刘红，请各位多多关照。"用于强调其中一位被介绍者与介绍者之间的关系，以期引起另一位被介绍者的重视。

（4）引见式。如"两位认识一下吧。大家其实都曾经在一个学校共事，只是不在一个部门。接下来的，请自己说吧。"介绍者将被介绍双方引到一起即可，适用于普通场合。

（5）推荐式。如"这位是刘先生，这位是××公司的王董事长。刘先生是经济学博士，管理学专家。王总，我想您一定有兴趣和他聊聊吧。"介绍者经过精心准备再将某人举荐给某人，介绍者通常会对前者的优点加以重点介绍。通常适用于比较正规的场合。

（6）礼仪式。如"尹小姐，您好！请允许我把××公司的执行总裁王先生介绍给你。王先生，这位就是上海××集团的人力资源部经理董小姐。"这是一种最为正规的他人介绍，适用于正式场合。其语气、表达、称呼上都更为规范和谦恭。

三、他人介绍内容

一般只介绍双方的姓名、单位、职务，有时为了推荐一方给另一方，介绍时可以说明被推荐方与自己的关系，或强调其才能、成果，便于新结识的人相互了解与信任。介绍具体的人时，要用敬辞。应该礼貌地用手示意，而不要用手指去指点。

四、他人介绍的注意事项

遵守"先卑后尊""后来居上"的规则，就是把晚辈、后面来的人介绍给长辈、前面来的人。介绍时不可单指指人，而应掌心朝上，拇指微微张开，指尖向上。坐着时，除职位高者、长辈和女士外，应起立。但在会议、宴会进行中不必起立，被介绍人只要微笑点头示意即可。

（1）为他人介绍时，无论介绍哪一方，都应手心朝上、手背朝下，五指自然并拢，指向被介绍的一方，眼神要随手势指向被介绍的对象。

（2）介绍的总原则是把别人介绍给你所尊重的人。

> **提示指导**
>
> 不论是给别人做介绍还是自我介绍，被介绍双方态度都应谦和、友好、不卑不亢，切忌傲慢无礼或畏畏缩缩。经介绍与他人相识时，不要有意拿腔拿调，或是心不在焉；也不要低三下四、阿谀奉承地去讨好对方。

任务三 掌握集体介绍

集体介绍是介绍他人的一种特殊情况，被介绍者之中的一方或双方不止一人。

一、集体介绍的顺序

（1）"少数服从多数"，当被介绍者双方地位、身份大致相似时，应先介绍人数较少的一方。

（2）强调地位、身份。若被介绍者双方地位、身份存在差异，虽人数较少或只一人，也应将其放在尊贵的位置，最后加以介绍。

（3）单向介绍。在演讲、报告、比赛、会议、会见时，往往只需要将主角介绍给广大参加者。

（4）人数多的一方的介绍。若一方人数较多，可采取笼统的方式进行介绍。如"这是我的家人""这是我的同学"。

（5）人数较多各方的介绍。若被介绍的不止两方，需要对被介绍的各方进行位次排列。排列的方法：①以其负责人身份为准；②以其单位规模为准；③以单位名称的英文字母顺序为准；④以抵达时间的先后顺序为准；⑤以座次顺序为准；⑥以距介绍者的远近为准。

二、集体介绍的方法

（1）单项式：被介绍者双方一方为一人，另一方为多人时，只将前者介绍给后者。

（2）笼统式：被介绍者双方均人数较多，而又确无必要或不可能对其逐一加以介绍时，只扼要介绍一下双方的概况。如"介绍一下：这些人都是我的家人，这几位是我生意上的伙伴"。

（3）尊卑式：适用于十分正规的商务交往中，它要求先介绍位卑的一方，后介绍位尊的一方，而且在介绍任何一方时，均应由尊及卑地逐一介绍其具体成员。

三、集体介绍的注意事项

集体介绍的注意事项与他人介绍的注意事项基本相似。除此之外，还应注意以下两点。
（1）不要使用易生歧义的简称，在首次介绍时要准确地使用全称。
（2）不要开玩笑，要很正规。介绍时要庄重、亲切，切勿开玩笑。
三种介绍的标准做法如表 9-1 所示。

表 9-1　三种介绍的标准做法

自我介绍	他人介绍	集体介绍
介绍单位、部门、职务、姓名 其一，先递名片； 其二，时间简短； 其三，内容完整	先卑后尊顺序：把职位低、晚辈、男士、未婚者介绍给职位高者、长辈、女士和已婚者	先卑后尊，而在介绍其中一方成员时，则应当自尊而卑

四、介绍的训练步骤和方法

（1）在训练中，教师边讲解边示范，学生利用表演方式练习。
（2）让每个学生准备一段自我介绍，分组练习表演，场景要求灵活、大胆。
（3）设计多个情景和场面，分不同角色扮演不同身份的人，完成自我介绍、他人介绍、集体介绍等训练，并及时指出错误，指导学生更规范地完成。
① 场景：甲和乙是××公司安排接待××公司刘总的工作人员，甲是新职员，乙是老职员而且和刘总的关系较好。
演练：如果你是乙，你会怎样把甲介绍给刘总？
② 李×是××公司的营销部职员，今天××公司进行业务宣传，邀请了许多公司参加，其中李×的丈夫和李×丈夫的单位也在被邀请之列。
演练：如果你是李×，怎样把你的丈夫介绍给你上司和同事？
（4）按"应酬、工作、交流、礼仪、问答"标准说明一下各方式适合自我介绍的场合。
① 您好，我叫刘×，我在××电脑公司上班。我是李×的老乡，都是山东人。
② 先生，您好！请问您怎么称呼？
③ 各位来宾，大家好！我叫刘×，是××电脑公司的销售经理。我代表本公司热烈欢迎大家光临我们的展览会，希望大家……
④ 您好，我叫刘×。
⑤ 您好，我叫刘×，是××电脑公司的销售经理。
（5）介绍他人，假设您是一个沙龙的组织者，而且要为下列人士做相互介绍，想想您会选择什么样的介绍词。
① 需要王经理和吴董共同担当沙龙的主持人。
② 周女士一直在寻找她先生留学时的好朋友，而这个人不但要来出席沙龙，而且您和他还很熟。
③ 李经理很想在家乡搞投资，而赵经理是他老乡，而且也有相同的愿望。
④ 您想让您的一个属下与孙董结交，并能与其搞好关系。
⑤ 当众介绍嘉宾。

（6）分组练习、分组比赛、观摩的方法，编排练习。

【项目小结】

本项目主要详细介绍了自我介绍、他人介绍和集体介绍的介绍方法、介绍的种类、介绍的忌讳、介绍的顺序、介绍的方式、介绍的注意事项等。

【思考题】

1. 为他人介绍应把握的原则有哪些？
2. 怎样进行自我介绍和为他人介绍？

【技能训练标准】

实训学时	1 学时
实训的方法和手段	问题解决，角色扮演，认识引入，讲解介绍，示范讲解，分解随练，解释模拟，角色扮演、操作、比赛考核。 1. 进行介绍训练，教师可在旁边进行指导，学生也可以相互之间进行评议指导，使之符合礼仪规范。分角色，按照介绍的要求进行训练，要求大方自然地进行介绍。 2. 本实训任务分组进行，每组组长负责，并按照要求明确分工，角色分配做到责任落实到每一个学生
实训的要求和标准	要求：操作时注意手势和站姿的要求，语言规范准确，目光和谐，按顺序。 标准：1. 语言：口齿伶俐，内容突出、主次分明。 2. 姿态：仪态端正，手势正确，面带微笑。 3. 次序：介绍的次序、原则运用准确，手势展示出个人形象风采
任务考核	1. 介绍语言、姿态、次序、原则运用准确。 2. 根据技能训练、实战训练确定任务角色，以组为单位设计情景，组织完成现场演练和表演，并对每个人完成每一项任务评定得分。 3. 每组在操作过程中，要有指挥、导演、设计师、演员。表演要紧扣介绍知识，介绍的礼节、秩序要规范标准，语言得体，面带微笑，眼神正视对方
任务布置	在校园里遇到你的老乡，向朋友做介绍

项目十 名片礼仪训练

项目十 名片礼仪训练

【训练目标】

通过训练，使学生了解名片的作用，掌握赠接名片礼仪。

【训练要点】

熟悉在社交活动中交换名片的礼仪。

【过程控制】

理论讲解→示范→交换名片练习→角色扮演→展示→综合考核。

【技能要求】

培养学生的交际能力和职业能力。懂得赠接名片的礼仪，养成文明礼貌的习惯。

【训练口号】

我自信，我胆大，我很美。

【案例导入】

4月，广州商品交易会，各方厂家云集，企业家们济济一堂。××公司的徐总经理在交易会上听说××集团的崔董事长也来了，想利用这个机会认识这位素未谋面又久仰大名的商界名人。午餐会上他们终于见面了，徐总彬彬有礼地走上前去说："崔董事长，您好，我是××公司的总经理，我叫徐×，这是我的名片。"说着，便从随身带的公文包里拿出名片，递给了对方。崔董事长显然还沉浸在之前的谈话中，他顺手接过徐×的名片，回应了一句"你好"并草草看过，放在了一边的桌子上。徐总在一旁等了一会儿，并未见这位崔董有交换名片的意思，便失望地走开了。你认为双方问题出在哪里？

[评点] 案例中接名片应该是双手，而不是随意一接。名片不应该随便往桌上一放，这是表示对人的不尊重，因为名片等于一个人的脸面。

名片虽小，作用空间乃大，它是一个信息库。名片虽小，内涵乃深，它能回忆一份友情。名片虽小，运用乃广，他是交友的开始、印象的备忘录。名片虽小，意趣乃多，体现企业精神、产业文化、个性魅力。名片是现代人的自我介绍信和社交的联谊卡，在人际交往中可以证明身份、广结良缘、联络老朋友、结交新朋友。

在人际交往中，如想正确使用名片，有必要对名片的分类、名片的制作、名片的用途、名片的交换以及名片的存放等五个方面有所了解，并且尽可能地做到合乎礼仪规范。

任务一　了解名片的分类、制作和使用

一、名片的分类和制作

（一）名片的分类

（1）应酬式名片。内容通常只有个人姓名一项，最多加上机关和字号，如图10-1所示。

（2）社交式名片。一般的格式是姓名和联络方式，如图10-2所示。

（3）单位式名片。内容有两项，一是单位全称及其标志，二是单位的联络方式，如图10-3所示。

刘好印

甘肃兰州

楚翘 字逸清

图 10-1 应酬式名片

战 歌

家庭住址：××市××区××街×号
邮政编码：××××××
电话：××××-×××××××××

FA

王 启 总经理

单位住址：××市××区××街×号
电话总机：××××-×××××××××
邮政编码：××××××

图 10-2 社交式名片　　图 10-3 单位式名片

（4）公务式名片。包括归属单位、称呼、联络方式，如图 10-4 所示。如有必要，在名片的另一面可以印上本单位的经营范围或所在方位图。

××家用电器公司

王 启 总经理

单位住址：××市××区××街×号
办公电话：××××-×××××××××
邮政编码：××××××

本公司的经营范围
海尔 TCL
烟机 空调

图 10-4 公务式名片

（二）名片的设计与制作

（1）名片的规格：国内最通用的规格为 9 厘米 ×5.5 厘米；国际最通用的是 10 厘米 × 6 厘米。

（2）名片的色彩：宜选庄重朴素的白色、米色、淡蓝色、淡黄色、淡灰色。一张名片一色为好。最好不要印制杂色名片，令人看得眼花缭乱。

（3）名片的图案：可以出现企业的标志、企业蓝图、企业方位、企业主导产品等，但以少为佳。不提倡在名片上印人像、漫画、花卉、宠物等。

（4）名片的版式：有两种版式，一种是横式，行序由上而下，字序由左而右；另一种是竖式，行序由右而左，字序由上而下。

（5）名片的文字：规范的印刷体，在国内宜用汉语简体字，忌使用繁体汉字。切勿在一枚名片上采用两种以上的文字，也不要将两种文字交错印在同一面。

（三）名片的内容

（1）本人归属。由公司的标志、单位全称、所在部门三个部分组成。

（2）本人称呼。由本人姓名、行政职务、学术头衔三个部分组成。

（3）联络方式。由单位地址、办公电话、邮政编码三个部分组成。

二、名片的使用

名片交换一般涉及三个问题：第一，索取；第二，接受；第三，如何递上名片。

就如何索取名片来说，最好不要主动索要，除非非常必要，万不得已。索取的方法如下。

1. 交易法

交易法是指"欲将取之，必先予之"。也就是说，想索要别人的名片时，最省事的办法就是把自己的名片先递给对方。所谓"来而不往，非礼也"，当你把名片递给对方时，对方不回赠名片是失礼的行为，所以对方一般会回赠名片给你。

2. 谦恭法

谦恭法是指在索取对方名片之前稍做铺垫，以便索取名片。比如见到一位研究电子计算机技术的专家可以说"认识您我非常高兴，虽然我玩电脑已经四五年了，但是与您这种专业的人士相比相形见绌，希望以后有机会能够继续向您请教，不知道以后如何向您请教比较方便？"。前面的一席话都是铺垫，只有最后一句话才是真正的目的：索取对方名片。

3. 联络法

谦恭法一般是对地位高的人，对平辈或者晚辈就不大合适。面对平辈和晚辈时，不妨采用联络法。联络法的标准说法是："认识您太高兴了，希望以后有机会能跟您保持联络，不知道怎么跟您联络比较方便？"

俗语说"内行看门道，外行看热闹"，不要小看这一方小小的卡片，它代表着的可是我们个人的尊严，展示的是企业的形象。

任务二　掌握名片的交换礼仪

一、接收名片

接收名片时应起身或欠身，面带微笑，恭敬地用双手的拇指和食指接住名片的下方两角，并轻声说"谢谢"或"久仰大名"等（图10-5）。接过名片后，认真阅读，尽快记住对方是何人，以示尊重。随后放入自己的名片盒、衬衫的左侧口袋或西装的内侧口袋内。同时交换名片时，可以右手递名片，左手接名片。上司在时不要先递交名片，要等上司递上名片后才能递上。

图 10-5　接收名片

二、递送名片

1. 递送要有规则

态度要恭敬，表示对方能接受自己的名片很荣幸。名片要装在名片盒里，放在容易取的地方，以便拿取。递送时，双手递给对方，以示尊重对方；将名片放置手掌中，用双手的大拇指和食指拿住名片的两个角，将名片正面对着对方，以便对方观看；起立或欠身递送，身体前倾，面带微笑，注视对方，态度要庄重大方，动作要轻缓，还可以说一声"请关照""欢迎联系""我们认识一下吧"之类的友好客气的话语等。

2. 递送名片的顺序

一般是：先客后主，先职位低后职位高，男士先向女性，由近及远，依次进行。如果是坐着的，应当尽可能起身接受对方递来的名片。递送名片时要注意：当面对许多人时，应先将名片递给职务较高或年龄较大者，如分不清职务高低和年龄大小时，则可先和自己对面左侧方的人交换名片。到别处拜访时，经上司介绍后，再递出名片。

> **提示指导**
>
> 名片是职业人的重要交际工具，它是一个人身份、地位的象征，是个人尊严、价值的一种外显方式。自我介绍是名片最基本的一项功能，它直接承载着个人的信息，担负着保持联系的重任。接过名片首先要看，用半分钟左右的时间阅读。不要接过名片看也不看，甚至玩或在桌子上来回摆弄，丢到一旁。不要把名片放到皮夹里、衣袋里、裤子后兜里或交予他人。我们在递名片时，对方如果身份较高，应当用双手捧着递去。对一般人，可以用右手递送，但切忌用左手。

三、存放名片

接过别人的名片切不可随意摆弄或扔在桌子上，也不要随便地塞在口袋里或丢在包里。应放在衬衣左侧口袋或西装的内侧口袋或名片夹里，口袋不要因为放置名片而鼓起来，不要将名片放在裤袋里。递接名片的方式见图10-6。

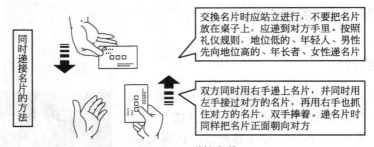

图10-6　递接名片

如果是初次见面，应交换名片。

如果对方递上名片就急忙先接过来，就等于承认自己的地位高了。所以，会面之前就应准备好名片，确保随时可以取出。在一般情况下，应该同时交换名片。名片礼仪如表10-1所示。

一般来讲，先接对方名片的人地位较高。因此，双方互相客气，往往抢着先递名片。结果，就造成了同时交换名片的局面。

四、名片礼仪的实训步骤和方法

（1）练习法：自己试做一张名片。要求名片的规格、版式、文字准确。

表 10-1 名片礼仪

取名片	递名片	接名片	放名片	收名片
应事先准备好，放在易取的地方，不要现从包、名片夹里取	① 名片的准备 ② 名片的递送技巧：观察意愿，把握时机，讲究顺序，方法正确	起身迎接，口头致谢，仔细阅读，回敬对方，放置到位	收到多张名片，将名片依次叠放在桌上，顶端冲着相应的人，字冲着自己	如没有桌子，可将名片收起，放在上衣兜里（提包里）

（2）分组练习法：练习各种场景下递送、接收名片。

（3）情景设计法：设计多个情景、角色，分角色扮演人物，完成介绍、握手、递名片等训练，并及时指导。

【项目小结】

名片是人的联谊卡，使用名片要注意递送名片的时机、接送礼仪，特别要注意名片的朝向，要双手递接，名片要妥善保管，学会名片的多种用途。

【思考题】

1. 交换名片有何讲究？
2. 大家参加社交活动时，有没有接到过别人递给你的名片？
3. 自制名片展示，各小组长检查自制名片是否符合要求后，评选出各组最好的一名，在班上展示。了解名片的基础知识、名片的规格、设计制作的要求和注意事项。

【技能训练标准】

实训学时	2 学时
实训的方法和手段	模拟训练，问题解决，角色扮演，认识引入，讲解介绍，示范讲解，分解随练，解释模拟，角色扮演、操作、比赛考核。 1. 进行递接名片训练，教师可在旁边进行指导，学生也可以相互之间进行评议指导，使之符合礼仪规范。 2. 教师给出一定的场景，让学生融入递接名片角色中进行模拟训练。 3. 学生观摩后讨论，好的地方相互学习，有问题的地方加以改进。 4. 教师点评。
实训的要求和标准	要求：会应用名片递接方法和技巧，要符合操作规则和递送顺序。 标准：1. 同学们身临其境，模仿场景中的角色进行演练。 2. 要求递接名片模拟训练符合礼仪规范，每组确定每个人所扮演的角色，任务不同角色不同。 3. 对白设计合理，表演要展示出个人形象风采。 4. 表情大方，姿势端正，声音清晰明朗，语气亲切自然
任务考核	1. 递名片：递名片姿态准确，语言礼貌。 2. 接名片：是否拇指和食指捏住名片，接过名片后是否认真阅读，名片存放是否合乎要求规范。 3. 顺序：遵守递名片顺序。 4. 制作：名片的设计与制作是否符合规格要求，颜色、字体、内容规范程度。教师指导性点评，评定学生的实训成绩
任务布置	课后每人设计制作三张不同场合运用的名片，按要求完成

项目十一　电话礼仪训练

【训练目标】

通过训练，掌握拨打、接听、代接、商务电话礼仪。正确使用电话用语。

【训练要点】

1. 了解电话重要意义，掌握并熟练运用电话的基本礼仪。
2. 能够正确地接听电话和拨打电话。
3. 掌握电话沟通的基本技能。

【过程控制】

理论讲解→示范→拨打接听电话→角色扮演→展示→综合考核。

【技能要求】

遵循礼貌，沟通感情，增加交往。

【训练口号】

友善、有礼貌、脸笑、嘴甜。

【案例导入】

有一天，办公室的龙经理收到一条留言，上面是这样写的："龙经理：刚才一位姓陈的先生来电，让你晚上 8:30 在和平里那里等他。"

究竟姓陈的先生是谁？有什么事？

试分析，如上留言有哪些不妥当的地方？

［评点］

1. 来自哪里不清楚。陈先生是谁？每个人都有很多同姓的朋友，那么究竟是哪一个？无从知道。因此，最好能向对方问清姓名、工作单位，或至少也要知道对方的联系方式，如电话号码。

2. 留言没有具体时间。有时具体时间也包括一些十分重要的信息。有很多事情的要求是有时效性的，过了时间再来处理就没有益处，如宾客投诉处理。因此，不仅要标明日期，还要标明具体时间。上面的留言没有注明确切的日期，只写是晚上，哪天的晚上？说不定是明天，龙经理今晚就在等，怎么能等到？

3. 留言不清楚。谁留的言，没有署名，龙经理一时无从询问留言人相关情况。

电话被现代人公认为便利的通信工具，在日常工作中，使用电话的语言很关键，它直接影响着一个公司的声誉。古语有云，"闻其声而知其人"，在日常生活中，通过电话能判断出对方的人品、性格。随着科学技术的发展和人们生活水平的提高，电话的普及率越来越高，人离不开电话，每天要接、打大量的电话。因而，打电话大有讲究。

在打电话、接电话以及使用移动工具时，应自觉自愿做到知礼、守礼、待人以礼。使用电话时务必要维护好自己的形象，注意拨打电话、接听电话、使用移动电话的礼仪规范。

任务一　掌握接听电话礼仪

接听电话不可太随便，得讲究必要的礼仪和一定的技巧，以免横生误会。无论是打电话还是接电话,我们都应做到语调热情、大方自然、声量适中、表达清楚、简明扼要、文明礼貌。

一、接听电话的礼仪要求

接听电话的礼仪要求如图 11-1 所示。

图 11-1　接听电话的礼仪

1. 及时接电话

一般来说,在办公室里,电话铃响 3 遍之前就应接听,6 遍后就应道歉说"对不起,让你久等了"。如果受话人正在做一件要紧的事情不能及时接听,代接的人应妥为解释。如果既不及时接电话,又不道歉,甚至极不耐烦,就是极不礼貌的行为。尽快接听电话会给对方留下好印象,让对方觉得自己被看重。

2. 确认对方

对方打来电话,一般会自己主动介绍。如果没有介绍或者你没有听清楚,就应该主动问:"请问您是哪位?我能为您做什么?您找哪位?"但是,人们习惯的做法是,拿起电话听筒盘问一句:"喂!哪位?"这在对方听来,陌生而疏远,缺少人情味。接到对方打来的电话,拿起听筒应首先自我介绍:"你好!我是某某某。"如果对方找的人在旁边,应说"请稍等",然后用手掩住话筒,轻声招呼同事接电话。如果对方找的人不在,应该告诉对方,并且问:"需要留言吗?我一定转告!"

3. 讲究艺术

接听电话时,应注意使嘴和话筒保持 4 厘米左右的距离;要把耳朵贴近话筒,仔细倾听对方的讲话。

最后,应让对方自己结束电话,然后轻轻把话筒放好。不可"啪——"地一下扔回原处,这极不礼貌。最好是在对方之后挂电话。

4. 调整心态

当您拿起电话听筒的时候,一定要面带笑容。不要以为笑容只能表现在脸上,它也会藏在声音里。亲切、温情的声音会使对方马上对我们产生良好的印象。如果绷着脸,声音会变得冷冰冰。

接电话的时候不能叼着香烟、嚼着口香糖;说话时,声音不宜过大或过小,吐词清晰,保证对方能听明白。

5. 用左手接听电话，右手边准备纸笔

这样便于随时记录有用信息。

> 💡 **提示指导**
>
> 接电话的四个基本原则
> 1. 电话铃响在3声之内接起。
> 2. 电话机旁准备好纸笔进行记录。
> 3. 确认记录下的时间、地点、对象和事件等重要事项。
> 4. 告知对方自己的姓名。

6. 接听电话时需要注意的问题

接听电话时应面带微笑，精力集中。坐直。语调音量适中，注意语速，吐字清晰。避免使用不确定的词语。

【思考与练习】

1. 办公室的电话铃响了，现在房间又只有你一个人，你该如何接听这个电话？
2. 想一想：通话结束时，应该谁先挂电话？
3. 想一想：怎样挂电话才是礼貌的？

二、接听电话时的要求

（1）接电话时，须在铃声响了3声之内接起电话。

① 注意接听电话的语调，让对方感觉到你是非常乐意帮助他的，在你的声音当中能听出你是在微笑；

② 注意语调的速度；

③ 注意接听电话的措辞，绝对不能用任何不礼貌的语言方式来使对方感到不受欢迎；

④ 注意双方接听电话的环境；

⑤ 注意当电话线路发生故障时，必须向对方确认原因；

⑥ 注意打电话双方的态度；

⑦ 当听到对方的谈话很长时，也必须有所反应，如使用"是的""好的"等来表示你在听。

（2）主动问候，报部门介绍自己。

（3）如果想知道对方是谁，不要唐突地问"你是谁"，可以说"请问您哪位"，或者可以礼貌地问"对不起，可以知道应如何称呼您吗？"。

（4）需搁置电话时或让宾客等待时，应给予说明，并致歉。每过20秒留意一下对方，向对方了解是否愿意等下去。

（5）转接电话要迅速：每一位员工都必须学会自行解决电话问题，如果自己解决不了再转接到正确的分机上，并要让对方知道电话是转给谁的。

（6）对方需要帮助，大家要尽力而为，对于每一个电话都能做到以下事情：问候、道歉、留言、转告、马上帮忙、转接电话、直接回答（解决问题）、回电话。

（7）感谢对方来电，并礼貌地结束电话：在电话结束时，应用积极的态度，同时要使用对方的名字来感谢对方。

（8）要经常称呼对方的名字，这样表示对对方的尊重。

三、代接电话

礼尚往来。接电话的时候，务必注意用词礼貌，清楚询问来电者的身份并告知接电话的人，假如对方找的不是你，转接电话后需注意对方是否已接听电话。人不在时主动请对方留言，一定要做笔录，并做核查。对于来电者要求转达的具体内容，最好认真做好笔录。同事回来后及时转达，若代为处理事情，需留下自己姓名给对方，并告知同事处理内容及结果（图11-2）。

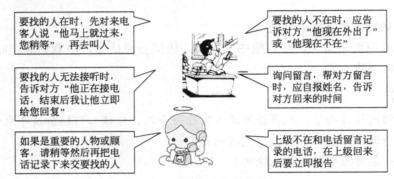

图 11-2　代接电话的礼仪

养成使用留言条的习惯，尊重隐私，不要向来电者询问对方和他所找之人的关系，在没有授权的情况下，不要随便说出对方所要找的人的行踪、私人手机号码（表11-1）。

> **提示指导**
>
> 对方要找的人正在接电话时，可以说："请稍等，她现在正在接电话，等接完电话，我让她给您打过去"。对方要找的人不在时，首先向对方致歉："对不起，不好意思，他今天休假，你看怎么办好呢？"没有必要详细解释休假的原因。询问留言应礼貌，如"我叫刘×，如果方便的话，请您告诉我您找他有什么事"。电话边常备便笺和笔。不要丢失留言条。

> **提示指导**
>
> 留言四要素
> - 致：即给谁的留言。
> - 发自：谁想要留言。
> - 日期：最好也包括具体时间。
> - 记录者签名：有助于寻找线索，或弄清不明白的地方。

项目十一 电话礼仪训练

表 11-1 接听电话留言标准

	标准
接听留言	1. 电话无人接听，对方要求留言。 2. 问清留言人姓名、电话号码和受话人姓名等。 3. 记录留言内容，并复述一遍，尤其注意核对数字。 4. 答应在指定的时间内将留言转交受话人，请对方放心

任务二 掌握拨打电话礼仪

一、拨打电话的要求

（1）要考虑打电话的时间（对方此时是否有时间或者方便）。

（2）注意确认对方的电话号码、单位、姓名，以避免打错电话。

（3）准备好所要用到的资料、文件等。

（4）讲话的内容要有次序，简洁、明了。

（5）注意通话时间，应控制在 3 分钟以内，不宜过长。

（6）要使用礼貌语言。

（7）外界的杂音或私语不能传入电话内。

（8）避免私人电话。

拨打电话的要求如图 11-3 所示。

图 11-3 拨打电话的要求

> **提示指导**
>
> 遵守"三分钟原则"，在打电话时始终要控制在三分钟之内。自我介绍，确定对方及问候，说明来电事项，再汇总确认，礼貌地结束谈话，挂断电话。

二、拨打电话的技巧

（1）打电话时，列出要点，避免浪费时间。

113

（2）在打电话之前，要准备好笔和纸，不要吃东西、喝水或抽烟，要保持正确的姿势。

（3）如果你找的人不在，可以问一下对方什么时间可以再打电话或请其回电话，同时，要将自己的电话号码和回电时间告诉对方。

（4）在给其他部门打电话时，要先报部门和姓名，这样可以避免对方因为询问你的情况而浪费时间。

任务三　掌握商务电话礼仪

国际商务运作离不开电话这一便捷的通信工具，当你的声音通过话筒传向世界各地时，是否也能做到彬彬有礼？

一、商务电话的礼仪要求

（1）语调的魅力。用清晰而愉快的语调接电话能显示出说话人的职业风度和可亲的性格。虽然对方无法看到你的面容，但你的喜悦或烦躁仍会通过语调流露出来。打电话时语调应平稳柔和、安详，这时如能面带微笑地与对方交谈，可使你的声音听起来更为友好热情。千万不要边打电话边嚼口香糖或吃东西。

（2）得体的问答。来电应在第二声铃响之后立即接听，在礼貌问候对方之后应主动报出公司或部门名称以及自己的姓名，切忌拿起电话劈头就问"喂，找谁？"。同样，来电话人需要留话也应以简洁的语言清晰地报出姓名、单位、回电号码和留言。结束电话交谈时，通常由打电话的一方提出，然后彼此客气地道别。无论什么原因电话中断，主动打电话的一方应负责重拨。

（3）电话留言回复应及时。在商业投诉中，不能及时回电话最为常见。为了不丧失每一次成交的机会，有的公司甚至做出对电话留言须在1小时之内答复的规定。一般应在24小时之内对电话留言给予答复，如果回电话时恰遇对方不在，也要留言，表明你已经回过电话了。如果自己确实无法亲自回电，应托付他人代办。

（4）留意时差。打电话前要搞清地区时差以及各国工作时间的差异，不要在休息日打电话谈生意，以免影响他人休息。即使客户已将家中的电话号码告诉你，也尽量不要往家中打电话。

（5）恰当地使用电话。在美国，你可以通过电话向一个素不相识的人推销商品，而在欧洲、拉美和亚洲国家，电话促销或在电话中长时间地谈生意就难以让人接受。发展良好商务关系的最佳途径是与客户面对面地商谈，而电话主要用来安排会见。当然，一旦双方见过面，再用电话往来就方便多了。

二、手机使用注意事项

在手机越来越普及的今天，我们在使用手机时，应遵循以下几点原则。

（1）在飞机上使用移动电话可能干扰飞机通信网络，危及飞行安全，请在登机前关闭手机。在飞机降落后但未停稳之前，都不宜打开手机。

（2）在油库、加油站、化工厂及通常建议关掉汽车引擎的任何地区，请关闭手机。

(3) 在爆破区，为了避免干扰爆破作业，请关闭手机。
(4) 在有禁止使用手机规定的医疗场所，为了避免影响医用设备的正常工作，请关闭手机。
(5) 使用手机时，不要接近心脏起搏器、助听器等。
(6) 在驾驶途中，请谨慎使用手机，以免影响交通安全。
(7) 在装有安全气囊的车辆内最好不要使用手机。

【思考与练习】

谢小姐大学毕业后不久在某公司就职，她性格开朗、活泼，朋友非常多。朋友多，电话自然也很多。谢小姐上班时总要接一些私人电话。接到朋友的电话，谢小姐总是很高兴，她常常旁若无人地与朋友谈笑风生，似乎总有说不完的话。可是，她没有觉察到周围同事们那带有责备的目光。

【技能训练】

请问谢小姐应如何改善与同事的关系？

多注意一下同事们的心情，他们肯定会觉得：自己那么拼命干活，别人还有闲工夫接很私人的电话，要是真有重要电话就去卫生间接。

> 💡 提示指导
>
> "铃声不过三"原则，铃声响三声内必须接起电话，如果超过三声，应向对方致歉，如"让您久等了"。拿起听筒，报出公司名称或人名字及问候，声音语调微微上扬，有朝气，询问来电事项，口中不要吃东西或含着东西，礼貌地结束电话，挂电话。原则上应把电话放在左边，话筒口应正对着讲话人的嘴。

三、接听电话、拨打电话常用礼貌用语

(1) 您好！这里是×××公司×××部（室），请问您找谁？
(2) 我就是，请问您是哪一位？……请讲。
(3) 请问您有什么事？（有什么能帮您？）
(4) 您放心，我会尽力办好这件事。
(5) 不用谢，这是我们应该做的。
(6) ×××同志不在，我可以替您转告吗？（请您稍后再来电话好吗？）
(7) 对不起，这类业务请您向×××部（室）咨询，他们的号码是……。[×××同志不是这个电话号码，他（她）的电话号码是……]
(8) 您打错号码了，我是×××公司×××部（室），……没关系。
(9) 再见！
(10) 您好！请问您是×××单位吗？
(11) 我是×××公司×××部（室）×××，请问怎样称呼您？
(12) 请帮我找×××同志。
(13) 对不起，我打错电话了。
(14) 对不起，这个问题……，请留下您的联系电话，我们会尽快给您答复好吗？

当电话找的人不在时：

（1）他现在不在办公室。您看怎么办好呢？

（2）他现在出去了，您看怎么办好呢？

（3）他今天出差了，您看怎么办好呢？

（4）他今天休息（休假），您看怎么办好呢？

（5）他正在接电话，您看怎么办好呢？

四、电话礼仪的训练步骤和方法

（1）接听电话礼仪，如表11-2所示。

表11-2 接听电话礼仪

顺序	基本用语	注意事项
拿起电话听筒，并报出公司名称	"早上好""这里是××××"。如上午10点以前可使用"早上好"	电话铃响3声之内接起或最好在5秒钟之内接听作答。如果超过三声，应向对方致歉："对不起，让您久等了。" 在电话机旁准备好记录用的纸笔。 接电话时，不使用"喂——"回答。 音量适度，不要过高。 告知对方自己的姓名。 不使用方言或地方语言
确认对方	"×先生，您好！""感谢您的关照"等	必须对对方进行确认；如是客户要表达感谢之意
听取对方来电用意	"是""好的""清楚""明白"等回答	必要时应进行记录。 谈话时不要离题。 电话交谈时要微笑、点头。 声音不要过大，话筒离口的距离不要过近
进行确认	"请您再重复一遍""那么明天在××，9点钟见。"等等	确认时间、地点、对象和事由。 如是传言必须记录下电话时间和留言人。 若是代听电话，一定要主动问客户是否需要留言。 电话来时正和来客交谈，应告诉对方有客人在，待会给他回电。 工作时朋友来电，应扼要迅速地结束。 接到投诉电话，千万不能与对方争
结束语	"清楚了""请放心……""我一定转达""谢谢""再见"等	
放回电话听筒		等对方放下电话后再轻轻放回电话机上

（2）拨打电话的技巧，如表11-3所示。

（3）电话礼仪实战操作演练：

① 李先生是齐小姐的上司，李先生因公事外出办事，这时，李先生的电话铃响了，齐小姐该如何处理李先生的电话？

② 王小姐和柳先生是同事，在一个办公室上班，王小姐正在办公位接一电话，这时，电话铃响了，柳先生接起电话，电话是找王小姐的，柳先生该怎么接电话，怎么说？

表 11-3 拨打电话的技巧

顺序	基本用语	注意事项
准备		最好不要在星期一上午、周末、晚上10点之后早晨7点之前及对方午休、就餐时打电话； 确认拨打电话对方的姓名、电话号码； 准备好要讲的内容、说话的顺序和所需要的资料等； 明确通话所要达到的目的
问候、告知自己的姓名	"您好！我是××集团××部的×××"	一定要报出自己的姓名，讲话时要有礼貌
确认电话对象	"请问××部的××先生在吗？""麻烦您，我要找××先生。""您好！我是××公司××部的××"	必须要确认电话的对方； 如与要找的人接通电话后，应重新问候
电话内容	"今天打电话是想向您咨询一下关于××事……"	应先将想要说的结果告诉对方。 如是比较复杂的事情，请对方做记录。 对时间、地点、数字等进行准确的传达。 说完后可总结所说内容的要点
结束语	"谢谢""麻烦您了""那就拜托您了"等等	语气诚恳、态度和蔼
放回电话听筒		等对方放下电话后再轻轻放回电话机上

场景一：

美艺广告公司经理办公室，电话铃响了，有人要找王总经理，而王总经理不在，秘书该怎么办？

指导性点评：

① 要安排合理而有序的表达。

② 首先告诉对方，他找的人不在，然后才能问对方是谁，找他有什么事。

场景二：

你作为办公室主任正在办公室接待一位客户（××集团马经理），此时电话铃响了，从来电显示上可以知道也是一位客户（××集团王经理）要找你，请问你怎么办？

指导性点评：

① 委婉地向正与你交谈者说明原因，征得同意以后迅速接听电话。

② 注意接听电话的动作与表情。

③ 巧妙回答，达到两个目的：第一，暗示边上有人，不能说深层次问题；第二，让对方选择一个时间，打给他，说明重视他。

【项目小结】

电话是现代人的重要沟通工具，但是不少人不注意使用电话的礼仪。本项目不仅介绍了电话的接听礼仪、拨打礼仪，还介绍了商务电话礼仪的应用，通过实战操作要掌握拨打电话的方法和礼仪规范，这不但有助于提高个人的综合素质，更有助于塑造企业的整体形象。

【思考题】
　　1. 接听电话的礼仪要求是什么？
　　2. 拨打电话的基本礼仪规范是什么？
　　3. 使用移动电话要注意什么问题？
　　4. 有人打电话，说有重要事情请你们领导亲自来接，你该怎么办？
　　5. 在接电话时，又有电话打过来，你该怎么办？

【讨论】
　　一位老师带领学生前往一大集团应聘，当工作人员送来笔记本，老总亲自双手递送时，学生们大都伸着手随意接过，没有起身也没有致谢。从头到尾只有一个同学起身双手接过工作人员递过来的茶和老总递来的笔记本时客气地说了声"谢谢，辛苦了！"。最后，只有这位同学收到了这家公司的录用通知。有同学很疑惑甚至不服，"他的成绩并没有我好，凭什么让他去而不让我去？"。老师叹气说："我给你们创造了机会，是你们自己失去了。"
　　是什么原因使这些同学失去机会的？这些同学有哪些行为是不合乎礼仪的？

【技能训练标准】

实训学时	2学时
实训的方法和手段	进行接电话拨打电话训练，教师可在旁边进行指导，学生也可以相互之间进行评议指导，使之符合礼仪规范。 实训应分组进行，可以3人一组，其中1人扮演秘书，1人扮演客人，1人进行监督和评价。每个人都要轮流演示接听电话者和拨打电话者的角色
实训的要求和标准	要求：认真，从真实角色的角度出发，情景要逼真，既要讲究语言，又要符合礼仪，还要注意接、打电话的程序。 标准：1. 是否能够按照接听电话程序进行规范操作。 2. 是否能够按照拨打电话礼仪规范进行操作练习。 3. 电话沟通有礼貌，语言文明，语调温和。 4. 小组讨论前，每个学生必须独立完成接听电话的情景设计，在此基础上展开讨论，完成小组建议
任务考核	1. 接听：顺序、礼貌用语、操作规范。 2. 拨打：顺序、礼貌用语、操作规范。 3. 符合接、打电话的礼仪规范；表情大方；姿势端正；声音清晰明朗，语气亲切自然。 4. 实战：实战演练过程。 根据接听和拨打的规则与要求，学生互相评定成绩
任务布置	当你来电话，你会怎样操作？分别扮演打电话、接听电话、转接电话角色

项目十二　语言礼仪训练

【训练目标】

以普通话为基本语言，通过语言礼仪的训练掌握称呼、问候、交谈等的基本原则，理解交谈知识和禁忌，从而能够在不同的情景下提高语言应用能力和语言表达能力。

【训练要点】

1. 掌握在不同场合各种礼仪的正确运用。
2. 掌握各种问候礼的礼貌用语，并能在生活中规范应用。
3. 掌握交谈的方法、禁忌，了解交谈的要求。

【过程控制】

理论讲解→示范→表情练习→观摩→纠正→综合考核。

【技能要求】

重点掌握称呼在各种场合的应用，交谈的基本原则、方法及禁忌，了解交谈的一般要求。

【训练口号】

良言一句三冬暖，恶语伤人六月寒。

【案例导入】

清朝张之洞新任湖广总督时，抚军谭继洵在黄鹤楼设宴为张接风，并请了鄂东诸县官员作陪。席间，大家聊起了长江，没想到谭张二人为了长江到底有多宽的问题争论起来。

谭说五里三，张说七里三，两人各执己见，争得面红耳赤，谁也不肯承认对方是对的。这时，坐在末座的江夏知事陈树屏站了起来，于是二人便让陈作答。陈略作思考，朗声答道："长江的宽度，水涨七里三，水落五里三。二位大人说得都对。"一句话说得谭、张二人均抚掌大笑，赏了陈树屏20锭大银。

问题：面对尴尬的问题，陈树屏是如何巧妙应对的？请结合案例谈谈，在遇到上司之间出现纷争时，作为下属应如何调解。

[评点] 在面对尴尬局面时，巧妙应对是不容易的。在这个案例中，是幽默化解了僵局，说话令人听起来感到舒服是基本的尊重，能够在交谈中令人感到愉悦是高情商的体现。

语言礼仪是一个人内在学识、文明的外在表现。语言是一种很重要的人际交流手段，人人都有必要掌握和运用语言礼仪。在语言的训练中，要注意以下两个方面。

1. 语境与体态

语言使用要适应环境，语境包括时代、文化、社会和地域等因素。这里要考虑对象是谁，不同的信仰、不同的文化、不同的年龄、不同的兴趣和爱好有着不同的话题，要学会寻找共同的话题。

同时要有正确的体态，要保持得体的坐、立姿态和保持适当的距离。一般密切空间为0.5米左右，个人空间为0.5～1米，社会空间为1.2～3.5米，公共空间在3.5米以上。

2. 注意使用语言的礼节

要注意语义准确、语言流畅、音量音速适中；必须明确精炼、通俗易懂；多使用敬语和谦语；多使用中性语言，避免过激和极端语言；要学会委婉地表达自己的思想观点和委婉地拒绝别人；适度的幽默和风趣；努力做到词雅语美、语调柔美和用词文雅。

> **提示指导**
>
> 注意交谈的礼节。交谈是一种有来有往、相互交流思想感情的双边或多边的沟通形式。交谈是指两个人及以上的对话，是一个人知识和阅历教养、才智、应变能力的综合性体现。一般而言，交谈比会谈规模小，没有会谈严肃、专业、正规。最好要选择喜闻乐见的话题，尤其是开场白。注意避免不宜交谈的话题，如个人的隐私问题、令人不愉快的事情、他人长短的话题、自己不熟悉的话题、政治宗教的话题、对方的缺点和弱点等。
>
> 交谈时还要注意分寸，留有余地，切忌一言堂。如有三人以上场合，不能只谈两人知道的事情，更不能使用伤人语言，别忘了"伤人之言，重于刀枪剑戟"。

任务一　掌握称呼礼仪

中国被世人誉为礼仪之邦、君子之国，即使是在唇枪舌剑的论战中，我们的先人也同样讲究语言美。《礼记·仪礼》道："言语之科，穆穆皇皇。"穆穆者，敬之和；皇皇者，正而美。就是说，对人说话要尊敬、和气，谈吐文雅。

一、称呼的礼仪练习

1. 生活中的称呼

（1）职务性称呼。如书记、经理、主任、科长、李教授、王法官、邱老板。

（2）职称性称呼。如李编审、许研究员、黄律师。

（3）学衔性称呼。如张博士、赵某某博士。

（4）行业性称呼。如"阎老师""王医生""李律师""张会计"。

（5）对亲属的称呼。如妈妈、爸爸、哥哥、姐姐。

（6）对朋友、熟人的称呼。如"你""您""老刘""大赵"。

2. 正式场合的称呼

一是敬尊称。如"先生""小姐""夫人""女士"。

二是职业加泛称。如"警察先生""护士小姐""司机先生"。

三是姓氏加职务或职称。如"李经理""王教授""刘科长"等。

3. 非正式的称呼

运用于较为随便的场合，如"老王""小吴"；"王大叔""秦大伯"；"明敏""咚咚""张阿姨""汪叔叔"等。

4. 交往中的称谓

（1）对任何成年人，均可以将男子称为先生，将女子称为小姐、夫人或女士。

（2）在商务交往中，一般应以"先生""小姐""女士"来称呼交往对象。

（3）在政务交往中，常见的称呼除"先生""小姐""女士"外，还有两种称呼，一是称其职务，二是对职务或地位较高者称"阁下"。

（4）对军界人士，可以以其军衔相称。
（5）对宗教界人士，一般可称呼其神职。

【技能训练】

一西装革履男士进入一写字楼，问立于门口的小姐："这是××公司吗？"该小姐不理，与周围一男一女交谈道："李姐、王哥，我跟你说……"

请你指出以上情景中交往双方在称呼上所犯的错误。

二、称呼的注意事项

（1）相应称呼，根据对方身份、年龄、职业、职务等确定相应的称呼。
（2）内外有别，尊重不同国家和地区的称呼习惯。
（3）上下有异，对上级或长辈要用尊敬、得体的称呼，对下级或晚辈可使用习惯称呼或服务称呼。
（4）主次有序，在有若干人交谈的场合，注意称呼顺序：先外后内，先长后幼，先上后下，先疏后亲。

三、称呼的原则

1. 礼貌原则

常用的尊称有"您""贵""贤""尊"。

2. 尊崇原则

对于职位比较高的同事或前辈，在称呼时，要体现自己对对方的尊敬。

3. 恰当原则

比如，对司机、厨师称"师傅"可以，但是对医生、教师称"师傅"就不恰当了。

【思考与练习】

小王进入了一家新的单位，领导带她熟悉周围环境，并介绍给部门的老同事认识。她非常恭敬地称对方为老师，大多数同事都欣然地接受了。

当领导把她带到一位同事面前，并告诉小王以后就跟着这位同事学习，有什么不懂的就请教她时，小王更加恭敬地称对方为老师。这位同事连忙摇头说："大家都是同事，别那么客气，直接叫我名字就行了。"

小王仔细想想，觉得叫老师显得太生疏了，但是直接叫名字又觉得不尊敬，不知道该怎么称呼对方比较合理。

【技能训练】

1. 你能给案例中人物出出主意吗？
2. 你认为刚入职场如何称呼周围的老同事呢？

分析：新员工刚到单位时，不能随便以自己的想法来称呼对方，对于难以把握的称呼，可以先询问对方，比如"请问该怎么称呼您？"。不知者不怪，对方都会把通常同事对他的称呼告诉你。案例中，对方要求小王直呼姓名，只是客套话，作为一位新人，最好不要直呼其名，可以礼貌地询问对方。在职场上，过分亲昵和过分生疏的称呼都是不提倡的。因此，我们要把握好称呼这门学问，在职业道路上，做一位有礼的员工。

任务二　掌握问候礼仪

问候是见面时使用频率最高的一种礼节。

一、问候的礼仪规范

1. 问候次序

在正式会面的时候，同时遇到多人，宾主之间的问候是有一定的次序的。

一个人问候另一个人，通常是"位低者先问候"。一个人问候多人，既可以笼统地加以问候，比如说"大家好"；也可以逐个加以问候。当一个人逐一问候许多人时，既可以由"尊"及"卑"、由长及幼地依次进行，也可以由近及远依次进行。

2. 问候态度

要主动：问候别人要积极、主动。

要热情：问候别人的时候，通常要表现得热情、友好。

要自然：问候别人的时候，主动、热情的态度必须表现得自然而大方。

3. 问候方式

（1）直接式：直截了当地以问好作为问候的主要内容。它适用于正式的公务交往，尤其是宾主双方初次相见。

（2）间接式：以某些约定俗成的问候语，或者在当时条件下可以引起的话题进行问候，主要适用于非正式、熟人之间的交往。比如"忙什么呢""您去哪里"等，来替代直接式问候。

如今在大城市生活中，宣示问候语如"早""你好"渐渐成为主流。

二、问候的礼仪练习

1. 向父母、长辈问候

（1）早起后问爸爸、妈妈早上好。

（2）睡觉前祝爸爸、妈妈晚安。

（3）父母下班回家，向他们说：爸爸、妈妈回来啦。

（4）过生日：祝长辈生日快乐、身体健康。

（5）过新年：祝爸爸、妈妈新年愉快。

（6）当爸爸、妈妈外出时说：祝爸爸、妈妈一路平安、办事顺利。

（7）当爸爸、妈妈外出归来时说：爸爸、妈妈回来啦，辛苦了。

（8）自己告别家人时说：您放心吧，我会照顾好自己的。离家时间较长，要写信或打电话问候和报平安。

2. 尊师问候礼仪

（1）见到老师问老师好，分别时说"老师再见"。

（2）进办公室要喊"报告"，听到"请进"后方可进入；问老师要用"请问"，老师答后要"谢谢"，离开说"再见"后再离开。

（3）在校园遇见老师要主动停下，微微鞠躬问候"老师好"。

3. 同学问候礼仪

（1）同学见面要互相问候"早""你好"，也可点头、招手。

（2）同学间的交往应使用礼貌用语。问同学问题，问前要用谦语"请问""对不起，打扰你一下""向你请教个问题"等，问后要道谢。

4. 工作问候礼仪

公司员工早晨见面时互相问候"早晨好！""早上好！"等（上午10点钟前）。

一天工作的良好开端应从相互打招呼、问候时开始。

因公外出，应向部内或室内的其他人打招呼。

在公司或外出时遇见客人，应面带微笑主动上前打招呼。

下班时也应相互打招呼后再离开。如"明天见""再见""Bye-bye"等。

> **提示指导**
>
> 世界问候日的来历：
>
> 1973年11月21日，为促进埃及和以色列之间的和平，澳大利亚姆可马克与米切尔兄弟两人，自费印刷了大量有关问候的宣传材料，寄给世界各国政府首脑及知名人士，向他们阐述设立世界问候日的重要意义，扩大世界问候日的影响。第一个世界问候日就这样诞生了。
>
> 世界问候日的宗旨：
>
> 几十年过去了，世界问候日的宗旨也由最初的通过寄发问候信，呼吁和劝告有关领导人放弃军事手段，以和平方式解决分歧，呼吁世界名流为促进世界和平发挥作用，发展成为以促进人类相亲相爱为主题。
>
> 现在，世界问候日已成为一个全世界祈祷和平的节日。联合国还曾经发行过一套世界问候日邮票，希望人们借助信件传递友爱，给每个人都带去一片好心情。
>
> 11月21日是世界问候日，你对身边的人说"你好"了吗？

三、称呼、问候礼仪的训练步骤和方法

（1）讲授基本动作要领及禁忌。

（2）分组进行不同称呼、问候练习，塑造幽默的语言个性。

（3）分组进行设计场景，练习称呼、问候。

（4）校园练习：在校园里从早晨起来遇见同学、校园遇见任何人，到进教室遇见老师，都要进行称呼、问候练习，自我评价得分。

【思考与练习】

上古时期言"无它乎"，"它"指的是"蛇"。意思是说"你没有被蛇咬着吧？"。后来是"无恙乎"。在古代身体健康是最大的问题。

从战国开始出现："你吃饭没有？"或"你吃了没？"。在历史上，中国有很多关于饥荒的记录。吃一直是中国老百姓的头等大事。

项目十二　语言礼仪训练

汉魏以后开始出现"寒暄",即见面的时候真的问对方关于冷跟温暖的事。这类问候语出现的原因与气候变化有关。两晋是历史气候最寒冷的时期之一。

改革开放后,人们的温饱已经不是主要问题,取而代之的问候语是反映当下的生活形态,像二十世纪六十年代流行"开会去",八九十年代不少人会问"下海了?""最近赚了吧?""现在在哪发财呀?""最近买卖可以吧?"等等。

【技能训练】

在当今社会,根据不同身份相见时该如何问候?

任务三　掌握交谈礼仪

交谈是人们日常交往的基本方式之一。美国著名的语言心理学家多罗西·萨尔诺夫曾说道:"说话艺术最重要的应用,就是与人交谈。"从广义上来讲,交谈是人们交流思想、沟通感情、建立联系、消除隔阂、协调关系、促进合作的一个重要渠道。

人际交往离不开谈话,谈话的得体与否,常常决定着办事是否顺利,甚至成败。可见,谈话在交际中的重要性是不容忽视的。提高语言方面的修养,学习、掌握并运用好谈话礼仪,对于我们每个人来说,都是十分重要的。

一、正确认识自己:言为心声,语见其人

语言能很好地体现人的修养以及内心的想法,谈话的内容更为重要。

(1) 言之有物:讲话内容具体而充实。

(2) 言之有序:说话有条理。

(3) 言之有礼:说话有礼貌,谈吐文雅。

二、交谈礼仪

(1) 谈话时要正面视人。

(2) 谈话要尊重别人,调和意见。

(3) 谈话要看对象。

(4) 谈话要看准时机,留有余地。

(5) 其他注意事项。

【案例分析】

张小强是刚刚工作的秘书,一次奉命接待一名公司的客户。客户来到公司,张小强看见了,上来就说:"陈先生,我们经理让你上去。"这位陈先生一听,心想:我又不是你的下属,凭什么让我上去就上去,哪有这样做生意的?一气之下,就对小张说:"你们要想做生意,自己来找我,我回宾馆了。"

分析:

如果当时秘书张小强说了"请"字,就不会出现这样的场面了。讨论一下,我们在与人见面交谈时应该注意哪些礼仪行为?

三、交谈要注意以下几个方面

（1）态度诚恳亲切。交谈时所表现的态度往往是其内心世界的真实反映，交谈要顺利进行，务必要对自己的谈话态度予以正确的把握，在交谈时体现出以诚相待、以礼相待、主动热情的积极态度。

（2）措辞谦逊文雅。与人交谈时注意恰当用词，要温文尔雅。措辞的谦逊文雅体现在两个方面：对他人应多用敬语、敬辞；对自己则应多用谦语、谦辞。谦语和敬语是一个问题的两个方面，前者对内，后者对外，内谦外敬，礼仪自行。

（3）语音、语调平稳柔和。语言变化主要是声调、语调、语速和音量的变化，如果这些要素变化运用得好，会使语言增加光彩，产生迷人的魅力。

（4）谈话要掌握分寸。得体的称谓，适当的寒暄，合理应用谦敬语与礼貌语，静心聆听他人的谈话内容是非常重要的。谈话的分寸是指在人际交往中，哪些话该说，哪些话不该说，哪些话应怎样去说才更符合人际交往的目的，这是交谈礼仪应注意的问题。一般来说，善意的、诚恳的、赞许的、礼貌的、谦让的话应该说，且应该多说；恶意的、虚伪的、贬斥的、无礼的、强迫的话语不应该说，因为这样的话语只会造成冲突，破坏关系，伤及感情。有些话虽然出自好意，但措辞用语不当，方式方法不妥，好话也可能引出坏的效果。所以，语言交际必须对说的话进行有效的控制，掌握说话的分寸，才能获得好的效果。

（5）交谈注意忌讳。在一般交谈时，要坚持"六不问"原则。不问年龄、婚姻、住址、收入、经历、信仰，因为这些属于个人隐私的问题。在谈话内容上，一般不要涉及疾病、死亡、灾祸等不愉快的事情；不谈论荒诞离奇、耸人听闻、黄色淫秽的事情。

（6）交谈要注意姿态，不可给人居高临下之感。交谈中要注意交谈距离，一般情况下运用社交距离：主要适合礼节性或社交性的正式交往。其近段为1.2～2.1米，多用于商务洽谈、接见来访或同事交谈等。在距离合适的情况下，更要注意交谈姿态。交谈中，应伴有微笑、点头等礼节，以示对对方的尊重；同时，目光应有意识地注视对方，以示对所谈内容的关注。交谈时，无论是站立还是坐着，身体的姿态都应端正。如果面前没有桌子，通常双手可以放在大腿或座椅的扶手上；如果有桌子，双手应摆放于桌面上。

四、交谈的基本用语

（1）敬语。如"您好""请""久仰""久违""包涵""打扰""借光""拜托""高见"等。

（2）谦语。如"愚""愚见""请问我能为您做点什么""寒舍""太客气了""过奖了""为您效劳""多指教""没关系""不必""请原谅""惭愧""不好意思"等。

（3）雅语。如"您提出的要求是可以理解的，让我们想想办法，一定尽力而为""可以理解""留步""奉还""光临""失陪""光顾""告辞"等；称人时用"高寿""令堂""令尊"等。

五、交谈的技巧

（一）交谈常用的谦敬语主要有以下几种

1. 谦敬称呼用语

称呼尊长可用老先生、老同志、老师傅、老领导、老首长、老伯、大叔、大娘等。

称呼平辈可用老兄、老弟、先生、女士、小姐、贤弟、贤妹等。
自谦可以用鄙人、在下、愚弟、晚生等。

2. 事物谦敬用语

称姓名敬辞可用贵姓、尊姓大名、尊讳、芳名（对女性）等。
称年龄敬辞可用高寿（对老人）、贵庚、尊庚、芳龄（对女性）等。
住处可用府上、尊寓、尊府等。
见解可用高见、高论等。
身体可用贵体、玉体等。

3. 自谦词

称姓名——草字、敝姓等。
称朋友——敝友等。
称住处——寒舍、舍下、蓬荜等。
称见解——愚见、拙见等。
称年龄——虚度××。

4. 谦敬祈使用语

请人提供方便、帮助——借光、劳驾、有劳、劳神、费心、操心等。
托人办事——拜托。
麻烦或打断别人——打扰。
求人解答——请问。
劝告别人——奉劝。
请别人大驾光临——欢迎光临、恭候光临。
请别人不要送——请留步。
请别人提意见——请指教、请赐教。
请别人原谅——请包涵、请海涵。

5. 谦敬欢迎用语

欢迎顾客——欢迎光顾、敬请惠顾。
欢迎客人——欢迎光临。
初次见面——久仰、久仰大名。
许多时未见——久违。
访问——拜访、拜望、拜见、拜谒。
没有亲自迎接——失迎、有失远迎。
自责不周——失敬。
拜别——告辞、拜辞。
送别——请留步、请回、不必远送。
中途辞别——失陪。

6. 其他谦敬用语

归还东西——奉还。
赠送东西——奉送。
陪伴——奉陪。

祝贺——恭贺。

请对方宽容——恕……。

（二）交谈宜选的主题

（1）既定的主题。

（2）高雅的主题。

（3）轻松的主题。

（4）时尚的主题。

（5）擅长的主题。

（三）交谈的语言规范

（1）语言要文明。

（2）语言要礼貌。

（3）语言要准确。

（4）方言要少用。

（5）外语要慎用。

（四）对交谈方式的要求

（1）神态专注。

（2）言辞委婉。

（3）礼让对方。

（4）适可而止。

（5）其他言谈的技巧。

对交谈方式的要求如图 12-1 所示。

（五）谈话的距离

（1）亲密距离：15～44 厘米。

（2）个人距离：46～122 厘米。

（3）社交距离：1.2～3.7 米。

（4）公众距离：3.7～7.6 米。

谈话的距离如图 12-2 所示。

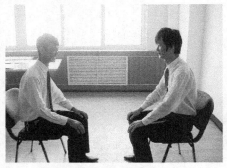

图 12-1　对交谈方式的要求

图 12-2　谈话的距离

提示指导

幽默可以使交谈更有智慧与韵味。幽默是指说话有趣且意味深长，是智慧与知识的综合体，幽默睿智的人身边会有大批快乐的朋友。需要注意的是，幽默既不是毫无意义的插科打诨，也不是没有分寸地卖关子、耍嘴皮，幽默要在情理之中引人发笑，给人启迪。这需要一定的素质和修养。

【案例】

德国大文豪歌德经过魏玛公园的一条小径时，恰好遇到一个曾经恶意攻击过他的政敌。那人意欲羞辱歌德，就故意趾高气扬地挺胸一站，说道："我从不给混蛋让路。"歌德立即回答："我让。"说完很绅士地站到一侧，脱帽致意请他先行。

【项目小结】

语言礼仪的运用是本项目的重点内容。通过语言礼仪训练，学生能够更好地进行思想感情的交流，增进彼此的了解与友谊，促进人际关系的和谐。同时，有利于学生在生活中不断培养自己的语言交际能力，为今后的就业打好坚实基础。通过情景模拟，能让学生更直观地接触到语言礼仪，体会语言礼仪的重要性。

【思考题】

1. 职场人员怎样才能在工作中做到恰当称呼？
2. 问候的次序应当是怎样的？
3. 交谈的技巧是什么？
4. 如果你是某职业学校的应届毕业生，在一次人才招聘会现场，不经意地听到旁边两个闲谈的经理人的谈话。其中一个经理人的公司需要几名毕业生，而你所学的专业正好符合要求。

（1）面对如此情况，请问你准备如何加入他们的谈话？
（2）加入谈话后你会如何设计你的谈话内容？

【讨论】

美国作家马克•吐温机智幽默。有一次他去某小城，临行前别人告诉他那里的蚊子特别厉害。到了小城，正当他在旅店登记房间时，一只蚊子正好在他眼前盘旋，这使得旅馆职员不胜尴尬。马克•吐温却满不在乎地对职员说："贵地蚊子比传说中不知聪明多少倍，它竟会预先看好我的房间号码，以便晚上光顾，饱餐一顿。"大家听了不禁哈哈大笑。结果，这一夜马克•吐温睡得十分香甜。原来，旅馆全体职员一齐出动，驱赶蚊子，不让这位博得众人喜爱的作家被"聪明的蚊子"叮咬。幽默，不仅使马克•吐温拥有一群诚挚的朋友，而且也因此得到陌生人的"特别关照"。

在交际中幽默有什么作用？你是有幽默感的人吗？

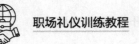

【技能训练标准】

实训学时	2 学时
实训的方法和手段	先全班讲解，再分组进行练习，每组确定组长，并按照要求明确分工，做到责任落实到每一个学生
实训的要求和标准	要求：称呼规范恰当，能正确区分对象，称呼的顺序准确。 标准：1.根据思考与练习，以组为单位完成技能训练任务，设计情景，组织现场表演。 2. 每组要确定好每个成员所扮演的角色，并且要有不同的任务。 3. 个人表演要结合礼仪的知识来设计，要展示出新时期个人形象风采
任务考核	1. 设计情景表演的语言、礼节。称呼要恰当，区分对象规范顺序。 2. 小组成员分配角色自选一个内容，自创情景，通过自编自导一个礼仪小品，体现礼仪的相关知识和技能。 3. 学生分组对白及自行设计场景，道具自备，在教师指导下反复训练，最后展示表演。尽量切合实际、真实。 4. 分别对每个小组和个人按评分要求打分，最后评出总分
任务布置	用所学知识进行礼貌交流，并会合理地运用礼节

项目十三　餐饮礼仪训练

【训练目标】

通过餐饮礼仪实训了解宴请的种类、赴宴的礼仪规范、中西餐礼仪、餐饮使用的礼仪基本知识、中西餐具的摆放艺术和餐桌礼仪的要点,将所学到的知识在各种场合展现。

【训练要点】

1. 了解宴请的种类。理解赴宴的礼节及用餐时应注意的礼节问题。
2. 了解西餐礼仪的基本内容,西餐刀叉的用法及座次的安排。
3. 熟悉西餐礼仪中的餐具的使用、就座礼仪及饮料的正确使用。
4. 掌握中餐礼仪的要点,中餐的座次安排、注意的几个方面。

【过程控制】

理论讲解→示范→情景练习→观摩→餐具摆放练习→纠正→综合考核。

【技能要求】

掌握中西餐餐具的摆放艺术和餐桌礼仪的要点,掌握座次顺序的常识,能够在交际场合正确选择自己的位置,显示出固有的风范。

【训练口号】

餐桌见人品,细节决定成败。

【案例导入】

下属的吃相

下属小张第一次参加公司招待客户的大型宴会,看到桌子上摆满了丰盛的菜肴,口水都快流出来了。他看了又看,忍了又忍,趁着老总和客户谈生意,不顾形象大吃起来。当他发现一桌子的视线都集中在他身上时,他已经给人留下了十分恶劣的印象。

问:下属小张的行为不妥在哪里?他应当怎样做?

[评点] 应当记住自己的职责,下属是宴会的协调者,而不是客人,要注意自己的言行,尤其是用餐礼仪。餐桌见人品,你的行为代表企业的形象和个人的素质。

下面就宴请礼仪、中餐位次礼仪、赴宴与就餐礼仪、西餐就餐礼仪、饮用礼仪进行阐述。

任务一　了解宴请礼仪

在社会交往中,宴请是最常见的交际活动,尤其是宴会,是最高层次的社交活动之一。所以,宴请礼仪在整个社交礼仪中占有非常重要的地位。由于各国、各民族都有自己国家和民族的文化特点和生活习惯,不同形式的宴请对礼仪规范和个人行为举止有不同的要求,如果不注意学习、掌握宴请的礼仪,在宴请中礼仪失当,不仅会见笑于人,损害个人的形象,还会影响正常的社会交往和友好合作。

一、宴请礼仪的概念

宴请礼仪是指人们以食物、饮料款待他人时,以及自己在餐饮活动中,必须认真遵守的行为规范。

（一）宴请礼仪的基本原则

1. "5M"原则

"5M"是指约会（meeting）、菜单（menu）、举止（manner）、环境（milieu）、费用（money）。

该原则是指在安排宴请或者自己参加餐饮活动时，必须优先对约会（约会的具体时间和对象）、菜单（宴请菜品）、举止、环境、费用等五个方面的问题高度重视，并应力求使自己在这些方面的所作所为符合律己、敬人的行为规范。

2. 适当适量原则

在餐饮活动中，不论是活动的规模、参与的人数、用餐的档次，还是餐饮的具体数量，都要量力而行。

3. 照顾他人原则

不论是以主人的身份款待客人，还是陪同他人一道赴宴，都应在两相情愿的前提下，悉心照料在场的其他人士。

4. 客不责主原则

身为客人时，对主人为之安排的餐饮只宜接受，不宜随意评论、非议，尤其是不允许寻衅滋事、借题发挥。

5. 突出特色原则

负责为他人安排餐饮时，在条件允许的前提下，应努力突出国家特色、地方特色、民族特色，使对方通过享用饮食来"品尝"文化。

（二）常见的宴请形式

宴请的种类和形式较多，但以宴会、招待会、茶会、工作餐为主。

1. 宴会

宴会是国际国内社会交往中一种通行的较高层次的礼仪形式。一般把政府机关、社会团体举办的有一定规模的酒宴称为宴会；私人举办的规模较小的称为筵席。

宴会一般是正餐宴请，常用于庆祝节日、纪念日、表示祝贺、迎送贵宾等事项。宴会的场面一般比较庞大、隆重，能使人得到一种礼遇上的满足。

宴会种类复杂，名目繁多。按礼宾规格划分，可分为国宴、正式宴会、便宴和家宴。

（1）国宴：国家元首或政府首脑为欢迎外国元首、政府首脑来访或庆祝重要节日而举办的宴会，是规格最高、最隆重的宴会。宴会厅内悬挂国旗，安排乐队演奏国歌和席间乐曲。席间，宾主要致祝酒词。

（2）正式宴会：标准稍低于国宴。除地方正式外，一般有三个确定：

第一，人员确定。（包括人数、位次、桌次等）

第二，菜单确定。最好餐桌上人手一册，一是尊重，二是让大家心知肚明。

第三，时间确定。一般情况下，大型的正式宴会最好是晚宴。

（3）便宴：用于非正式宴请。安排比较简单，礼仪没有严格的规定，菜肴和酒水也可以根据大家的喜好来决定。便宴可以在餐厅举行，也可以在家里举行。

（4）家宴：在家中以私人名义举行的宴请。

一般情况下，宴会持续时间为 2 个小时左右。

按形式划分，可分为中餐宴会、西餐宴会、中西餐合并宴会。

按性质划分，可分为工作宴会、正式宴会、节庆宴会。

按时间划分，有早宴、午宴和晚宴。

其他如鸡尾酒会、冷餐会、茶会都可列为宴会。

2. 招待会

招待会一般不排座次，宾客自由地活动。常备有食品、酒水、饮料，由客人根据自己的口味选择自己喜欢的食物和饮料，然后或站或坐，与他人一起或独自一人用餐。常见的招待会有冷餐会、酒会等。冷餐会，即自助餐。酒会，又称鸡尾酒会。

3. 茶会

茶会又称茶话会。这是一种简单的招待形式。通常安排在下午 4 时或上午 10 时左右在客厅举行，内设茶几、座椅。会上备有茶、点心和地方风味小吃，请客人一边品尝，一边交谈。

4. 工作餐

这是现代交往中经常采用的一种非正式宴请形式。有业务往来或工作关系的人们利用进餐时间，边吃边谈问题，加强交流、洽谈业务、增进感情或交换意见等。这类活动一般只请与工作相关的人员。一般不排座次，大家边吃边谈，不必过于拘束，形式较为灵活。可以由做东者付费；在国外，工作进餐经常实行"AA 制"，由参加者各自付费。

二、宴请的基本准备工作

（1）明确宴会的目的、对象及相关的宴请形式。

（2）选择合适的宴请时间。

（3）邀请与请柬。

这三点，可以总括为"5W1H"：

WHY——确定宴请的目的；

WHO——确定宴请的对象；

WHICH——确定宴请的形式；

WHERE——确定宴请的地点；

WHEN——确定宴请的时间；

HOW——如何发出邀请。

WHY——确定宴请的目的。指的是宴请的缘由。由单位举行的宴请，一定要有明确的目的，并服务于某一件事。其宴请的中心目的是促进公司的发展。

WHO——确定宴请的对象。邀请哪些行业的人士、哪些人、多少人，己方有多少人出席作陪。确定宴请的对象，主要取决于宴请的目的、主宾的身份、公司惯例及其他。

> 💡 **提示指导**
>
> 注意：宴请的邀请人数要确定，以利于安排座位。如果不能肯定，宁可多准备一些，撤去多的座位总比临时加座好。

WHICH——确定宴请的形式。如果是礼节性的宴请，采用正式宴会的形式会比较合适。庆祝性、纪念性、娱乐性的则冷餐会、酒会形式更有气氛，而商量要事的则采用工作餐形式最为恰当。

WHERE——确定宴请的地点。一般来说，宴请不宜在新餐馆举行。公司宴请宜在固定的几家不同档次的宾馆或饭店举行。如果对所选的餐馆并不十分熟悉，即使有可靠的消息说明它相当不错，也应该预先考察一下。

如果是正式宴会，还得考虑会厅的布置与装饰，是否需要横幅、鲜花，或者会间放哪些与气氛相适宜的音乐。

WHEN——确定宴请的时间。
① 确定宴请的时间，须考虑宾主双方，尤其是来宾方是否方便，切勿勉强从事。
② 一般还应该避开重要的节假日、重要的活动日以及双方或一方的禁忌日。
③ 世界各地的用餐时间各不相同，如果宴请的是外宾，还须对用餐时间做出调整。

HOW——如何发出邀请。注意请柬的写法及注意事项。

正式宴请请柬格式

×××先生：

　　为欢迎×××先生的到来，谨定于××××年××月××日（星期×）晚7时在××××举行宴会。届时敬请光临。

　　此致

　　　敬礼！

××××公司

总经理：××

××××年××月×日

三、宴请的基本礼仪

宴请的基本礼仪可以分为七个方面：座次、入座、体态、交流、布菜、敬酒和散席。

座次：基本上按照以右为尊的原则，将主宾安排在主人的右侧，次主宾安排在主人的左侧。参加人数较多的宴会，主人应安排桌签以供客人确认自己的位置。

入座：主人或长者主动安排众人入座；来宾在长者或女士坐定后，方可入座；入座时，男士为身边（尤其是右边）的女士拉开座椅并协助其入座。

体态：入座后姿势端正，脚平踏在本人座位下，不跷腿，不抖动腿脚，也不可任意伸直；胳膊肘不放在桌面上，也不要向两边伸展而影响他人。

交流：宴请是一种社交场合，在餐桌上要关心别人，尤其要招呼两侧的女宾；口内有食物，应避免说话，也不要敬酒；宴会上应营造和谐温馨的氛围，避免涉及死亡、疾病等影响用餐气氛的话题。

布菜：主人可为身边的客人布菜。布菜应使用公勺或公筷。布菜时要照顾到客人的饮食偏好，如果客人不喜欢或者已经吃饱，不应再为客人夹送。

敬酒：主人先为主宾斟酒，若有长辈或者贵客在座，主人也应先为他们斟酒。主人为客人倒酒时，客人以手扶杯表示恭敬和致谢。首次敬酒由主人提议，客人不宜抢先；敬酒以礼到为止，各自随意，不应劝酒。

散席：一般由主人表示结束宴会，主人、主宾离座后，其他宾客方可离开。

一些需特别注意的礼仪细节如下。

用餐时，注意自用餐具不可伸入公用餐盘取菜舀汤，应使用公筷公匙；在品尝菜肴后再决定是否添加佐料，未尝之前就添加佐料被视为对烹调者的不尊重；夹菜应看准下筷，不宜随意翻拣；小口进食，避免大口嚼咽，更不能吧嗒嘴；切忌用手指剔牙，可以使用牙签并以手或手帕遮掩，牙签使用后折断放在接碟中。

筷子不能一横一竖交叉摆放，不能插在饭碗里，不能搁在碗盘两边。

若不慎将汤汁、酒水溅到他人衣物上，应表示歉意，如对方是异性，不必亲自为其擦拭，请服务员帮助即可；如吃到不洁或有异味的食物，不要大呼小叫，应取用餐巾纸吐出包好后处理掉。

结账时，应避免争抢付账；未征得主人的同意，不宜代付账。

【思考与练习】

某男士参加宴会，在宴会开始后，他为了吃得更畅快，在座位上先是脱掉了西装外套，后又摘下了领带。在用餐过程中，他一边嚼着东西一边与左右的人说话，手中的筷子还在空中挥舞着。

【技能训练】

1. 这个男士的行为会给同桌人带来什么影响？
2. 你知道餐桌上的礼仪与禁忌吗？

四、宴请礼仪的训练步骤和方法

（1）撰写一份正式宴会的准备方案。

（2）做好宴请前的准备，包括宴请的对象、规格、时间、地点及菜单、祝酒词等。

（3）拟写一份餐会请柬或邀请卡，要求开头、内容、落款准确。

（4）按照宴请程序的基本礼仪规范进行操作。

任务二　掌握中餐位次礼仪

一、中餐桌次安排礼仪

中华饮食，源远流长。在这讲究民以食为天的国度里，饮食礼仪自然成为饮食文化的一个重要部分。中国的饮宴礼仪相传始于周公，千百年的演进，形成大家普遍接受的一套饮食进餐礼仪。举行正式的中餐宴会时，所设餐桌两桌以上时，就要按"尊卑"之别排列桌次，应遵守以下三项规则。

一是"以右为上"。当餐桌有左右之分时，应以位于右侧的餐桌为上桌。此刻的左右，是按照"面门为上"的规则来确认的。

二是"内侧为上"。当餐桌距离餐厅正门有远近之分时，一般以距门较远的餐桌，即靠内侧的餐桌为上桌，又叫"以远为上"。

三是"居中为上"。当餐桌在三桌及以上时,一般居中央者为上。右旁次之,左旁为小。在大多数情况下,以上三条桌次排列的常规做法往往是交叉使用的,如图 13-1 所示。

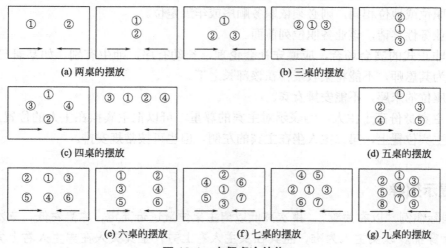

图 13-1 中餐桌次礼仪

二、中餐座次安排礼仪

(一)座次的顺序

在宴会上,座次具体是指同一张餐桌上席位的高低。中餐宴会上座次安排的具体规则有三点。

其一,面门为主。即主人之位应当面对餐厅正门。有两位主人时,双方则可对面而坐,一人面门,一人背门。

其二,主宾居右。它的含义是,主宾一般应在主人右侧之位就座。

其三,各桌同向。通常,宴会上的每张餐桌上的排位均大体相似。

中餐宴会座次安排如图 13-2 所示。

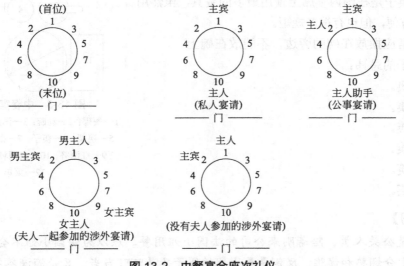

图 13-2 中餐宴会座次礼仪

(二)需注意的原则

(1) 正式宴请，职位或地位高者坐上席，依职位高低定位，不能逾越。

(2) 职位或地位相同，则必须依职务顺序或年龄定位。

(3) 业务性宴请，该业务职位列前面。

(4) 非正式的宴会场合，应遵守社会伦理，长幼有序，师生有别。如某君已为部长，而某教授为其恩师，不能将某教授排在该部长之下。

(5) 座位的末座，不能安排女宾。

(6) 主宾身份高于主人，为表示对主宾的尊重，可以把主宾摆在主人的位置上，而主人则坐在主宾位置上，第二主人坐在主宾的左侧。但也可按常规安排。

> **提示指导**
>
> 国际惯例"以右为尊"，桌次高低以离主桌位置远近而定，右高左低，座次安排应男女穿插。以女主人为准，主宾在女主人右上方，主宾夫人在男主人右上方。我国习惯按职位高低安排席位，主宾坐在男主人的右边，如夫人出席，通常把女方排在一起，即主宾坐男主人右上方，其夫人坐女主人右上方。两桌以上的宴会，其他各桌第一主人的位置可以与主桌主人位置同向，也可以以面对主桌的位置为主位。

三、中餐餐具的摆法与使用

(一) 中餐餐具的摆法

中餐餐具主要有杯、盘、碗、碟、筷、匙几种。在正式宴会上，水杯放在菜盘上方，酒杯放在右上方。筷子与汤匙可放在专用的座子上，或放在纸套中，如图13-3所示。

(二) 中餐餐具的使用

筷子。筷子是在国内宴席上使用最多的餐具，虽然用起来简单、方便，但也有很多规矩。

筷子通常应摆放在碗的旁边，不能放在碗上。

使用筷子的忌讳：

一忌敲筷。

二忌掷筷。

三忌叉筷。

四忌插筷。

五忌挥筷。

六忌舞筷。

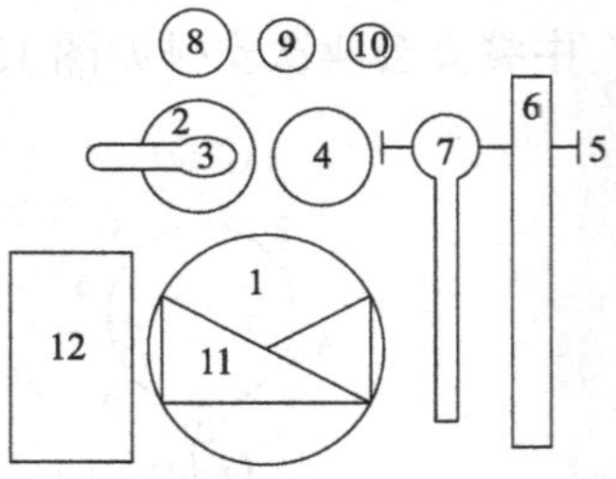

图 13-3 中餐宴会摆台
1—餐碟；2—汤碗；3—汤匙；4—调味碟；
5—筷架；6—筷子；7—银匙；8—水杯；
9—红酒杯；10—白酒杯；11—餐巾；
12—菜单

【思考与练习】

秦小姐是公关人员，陪着刚来公司的法国小姐用餐。原以为法国小姐不会用筷子，没想到她用得十分娴熟和优雅，反倒是秦小姐的筷子又是叮叮当当，又是滴滴答答……

【技能训练】

1. 法国小姐为什么用筷子用得好？秦小姐为什么不如法国小姐？
2. 中国人用筷规范应当有哪些？

因为法国小姐知道到中国工作，特意到礼仪学校学过，因此用得很规范。而秦小姐用筷是儿时自然学会的，没有人正式指点过她，所以就有许多不良习惯。西方人说"刀叉用得好不好，是家教问题"，中国人用筷又何尝不是如此呢？

汤匙。使用时应注意：

① 不要单用勺子去取菜。
② 不宜过满，以免溢出来弄脏餐桌或自己衣服。
③ 暂且不用勺子时，应置于自己的食碟上。
④ 用勺子取用食物后，应立即食用，不要倒回原处。
⑤ 若取用的食物过烫，不可用勺子将其折来折去，也不要用嘴对它吹来吹去。
⑥ 食用勺子里盛放的食物时，尽量不要把勺子塞入口中，或反复吮吸它。

碗。碗主要用于盛放主食、汤、羹。在正式的宴会上，使用碗要注意：

① 不要端起碗进食，尤其不要双手端起碗进食。
② 碗内的剩余食物不可往嘴里倒，也不要用舌头舔。
③ 暂不用的碗不可放杂物。

盘。不要取放过多食物；不要将不宜入口的残渣、骨头、鱼刺吐在地上或桌上，应轻放在食碟中的前端，由服务人员撤换。

水杯。不能用来盛酒，也不要倒扣水杯，喝入口中的东西不能再吐回去。

餐巾。其主要作用是防止食物落在衣服上，所以不能拿整块餐巾擦脸、擤鼻涕，也不要用餐巾擦餐具，只能用餐巾的一角来印一印嘴唇。离座时，要将其叠放在椅背或椅子扶手上。

水盂。水盂里面的水不能喝，只能用来洗手。动作不宜太大，应用两手轮流沾湿指头，轻轻涮洗，然后用餐巾擦干。

牙签。就餐时，尽量不要当众剔牙。如果要剔，应以手或餐巾轻掩住口部。剔牙后，不要长时间用嘴叼着牙签。

湿毛巾。第一道湿毛巾是擦手用的，最好不要用它去擦脸。宴会结束时，再上一条湿毛巾，是用来擦嘴的，不能用来擦脸、擦汗。

任务三　掌握赴宴与就餐礼仪

一、赴宴前的准备

（1）接到邀请后，是否赴约都应尽早做出答复。不能应邀的，要婉言谢绝。

（2）注意仪容仪表。正式宴会，男士应穿西服打领带，胡须刮干净，梳理好头发；女士应着套装化淡妆，擦亮皮鞋赴宴。

（3）如果需要赠送礼品，要按当地习惯，根据赴宴对象的爱好选择。

二、到达后的礼仪

（1）按时抵达。要注意准时，不可以迟到，否则是对主人和来客的不礼貌。

（2）问候致意。抵达宴请地点后，问候主人，随主人或由迎宾人员引路，步入宴会厅或休息厅。

（3）礼貌入座。进入宴会厅，不可随便入座，先了解自己的桌次和座位，看清桌上的席位卡和自己的姓名，由主人安排。入座时应按职位高低、年龄长幼，请职务高、年长者和女士先入座。应从左侧进入，用手轻轻地将椅子往后挪开，走到座位前，将椅子放回原处，慢慢就座。坐定后，上身挺直，女士要双脚并拢，不可旁若无人。

三、就餐的礼仪

（1）文明进餐。进餐要文雅，"主不动，客不食"，或让长辈先动筷，不宜抢在长辈的前面。

（2）不把餐具当玩具，餐巾不要别在领口上或挂在胸前，也不要在手中乱揉。

（3）夹菜时要注意相互礼让，依次而行。应取靠近自己盘中的菜，从盘子靠近或面对自己的盘边夹起，不要从盘子中间或靠近别人的一边夹起，更不能用筷子在菜盘子里翻来倒去，眼睛也不要一直盯着菜盘子，一次夹菜也不宜太多。不可只夹取自己喜欢食用的菜肴，遇到自己爱吃的菜，不可如风卷残云一般地猛吃一气，更不能干脆把盘子端到自己跟前，大吃特吃。

（4）给他人夹菜时，要注意用公筷。可以劝别人多吃一些，或是建议品尝某道菜肴，但不要擅自做主，主动为别人夹菜、添饭。这样做不仅不卫生，而且还会让对方勉为其难。

（5）吃相要文雅，不要吃得摇头摆脑。进餐时要闭嘴咀嚼，细嚼慢咽，不要吧唧嘴；喝汤时要用汤匙一勺一勺地喝，不能用嘴唇去啜汤；不要让器皿碰撞，发出声音。

（6）骨头、鱼刺、菜渣等不能直接吐到桌面或地面上。如果要咳嗽、打喷嚏，要用纸巾或手帕遮挡完成。

（7）无论是主人、陪客或宾客，都应与同桌人交谈。同别人讲话，最好放下刀、叉或勺子、筷子；口含食物时最好不要与别人交谈。

（8）剔牙时，要用手或餐巾遮口；用牙签，不能直接用手取。

（9）敬酒。由主人向大家热情敬酒，说上几句祝福的话。大家应立即起立，互相碰杯，主宾之间相互敬酒，以适量为原则。

用双手举杯敬酒，眼睛注视对方，喝完后再举杯表示谢意。碰杯时，杯子不要高于对方的杯子。尊重对方的饮酒习惯和意愿，不以各种理由劝对方喝酒。

当别人敬酒时，必须放下手中的餐具，停止进食。

不能喝酒时应礼貌声明，轻轻按着杯沿，不可将杯子倒置，切忌饮酒过量而失言、失态。

起身敬酒注意顺序，按照尊长老幼相继敬酒，不可喧宾夺主或目无尊长；敬酒过程中的顺序也须注意，"宁落一桌，不落一个"。

如果需要为别人倒茶倒酒，要记住"倒茶要浅，倒酒要满"的礼仪规则。

用餐禁忌：忌夹离自己较远的菜，忌用筷子在菜里到处乱翻，忌夹起带汤的菜肴洒得到处都是，忌扎起食物放到嘴里，忌用嘴舔筷子上的食物；忌根本不考虑数量有多少，把喜欢吃的东西全部夹到自己的碗里；忌别人夹菜时你转盘，碰洒桌子上的杯子、瓶子、碗、盘等。

四、赴宴后的礼仪

（1）参加宴会最好不要中途离去。万不得已时，应向同桌的人说对不起，并郑重地向主人道歉，说明原委。若中途离席一会儿的，可把餐巾放在座椅上，则众人不会认为你餐毕离去。

（2）吃完之后，应等大家都放下筷子，主人示意散席，才能离席。

（3）宴会完毕，应向主人致谢告辞，但不可拉着主人的手不停地说话，以免妨碍主人送其他客人。

五、赴宴礼仪的训练步骤和方法

（1）看录像，讲解宴请、赴宴礼仪知识。
（2）游戏角色扮演展示。每组分成两小组，一方扮演服务员，另一方扮演顾客。
（3）教一种口布折叠的方法。练习宴请的圆餐、长席的正确置放。

任务四　熟悉西餐就餐礼仪

一、西餐上菜顺序

（1）头盘。一般是由蔬菜、水果、海鲜、肉食组成的拼盘。
（2）汤。大致可分为清汤、奶油汤、蔬菜汤和冷汤。
（3）副菜。品种包括各种淡水、海水鱼类，贝类及软体动物类。使用专用的调味汁。
（4）主菜。最有代表性的是牛肉或牛排。其烹调方法常用烤、煎、铁扒等。使用配用的调味汁。
（5）蔬菜类菜肴。在西餐中称为沙拉。与主菜同时服务的沙拉，称为生蔬菜沙拉。还有一些蔬菜是熟食的，称为配菜。
（6）点心。一般诸如蛋糕、饼干、吐司、三明治等西式点心。
（7）甜品。最常见的有布丁、冰淇淋等。
（8）水果。各种时令、干鲜水果。
（9）热饮。如红茶、咖啡，以帮助消化。
西餐便餐的菜序（方便从简）：开胃菜→汤→主菜→甜品→咖啡。

二、西餐餐具的种类和使用

1. 西餐餐具的种类

西餐中使用的餐具如图13-4所示。

2. 刀叉的用法

一般是左手拿叉，右手拿刀。拿叉的姿势是：用左手拇指、食指、中指拿住叉。拿刀的姿势是：用右手食指压在刀背上以出力，其余手指拿住刀把（图13-5）。用刀、叉和匙时，要从最外面开始，一道菜一道菜往里拿。西餐一般讲究吃不同的菜用不同的刀叉，饮不同的酒用不同的酒杯，吃完一道菜将刀叉并列放在盘子的右边。不要举着刀叉和别人说话，不能发出刀叉相碰的声音。如果你暂时不会用西式餐具，没关系，跟着主人或他人做就行了。

图13-4 西餐餐具　　　　　　　　　图13-5 刀叉的使用

3. 刀叉的摆放

依据刀叉的放置方式不同，可传达用餐者的用餐信息（图13-6）。

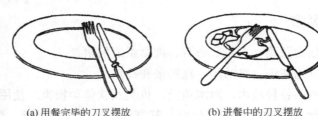

(a) 用餐完毕的刀叉摆放　　　　(b) 进餐中的刀叉摆放

图13-6 刀叉的摆放

三、西餐就餐礼仪

右手持刀或汤匙，左手拿叉，用手轻握尾端，食指按在柄上。用刀叉吃东西时，应使用叉子将食物左边固定，再用刀子将食物切成一小口大小，然后蘸上调味品送入口中。使用时应注意刀口始终向内，如果吃到一半时想放下刀叉，应将刀叉以"八"字形状放在餐盘中。如果是吃完一道菜时，应将餐具整齐地放到餐盘中央的"4点钟"方向。

喝用盘子盛的汤时，要用汤匙从桌沿向桌中心的方向盛去；汤少了时，可以用左手稍微将盘子边提起，朝前面斜着盛。有时汤是用杯子来盛的，这时，不能用汤匙舀来喝，而应把勺子放在杯托里，端起杯子直接喝。汤太烫时，不能用嘴吹，可用勺子搅动使之冷却。喝咖啡或茶也是这样。

四、西餐座位的排列

西餐宴会时可以用圆桌、长桌或方桌。座次遵守"尊右"的原则。

（1）非正式宴会座位遵守女士优先的原则，女士先坐、坐右座、靠墙靠里坐。

（2）正式宴会遵守国际惯例，桌次的高低依距离主桌位置的远近而定，右高左低，桌次较多时一般摆放桌次牌。吃西餐均使用长桌，同一桌上座次的高低以与主人座位的远近而定。

五、中西餐实训步骤和方法

（1）分组拿着餐具练习中西餐的摆法。

（2）练习入座，现场讲解餐具实用礼仪和操作。同学之间进行相互讲评，并纠正错误。

（3）实操，将学生引导到包厢，现场操作宴请、就餐、中西餐具摆放、入座、座次等礼仪。

（4）折口布餐巾花训练。

任务五　熟悉饮用礼仪

一、茶的礼仪训练

中国人习惯以茶待客，并形成了相应的饮茶礼仪。主要有嗅茶、温壶、装茶、请茶、续茶。

1. 敬茶的注意事项

首先，茶具要清洁。

其次，茶水要适量。

再次，端茶要得法。

最后，要及时添茶。

> 💡 **提示指导**
>
> 茶杯最好用托盘端出，用双手奉茶。敬茶的次序是：从座次最高的人开始，再依次敬茶；先向客人敬茶，再从接待方位次最高的人开始送茶，或再给自己公司的人端茶。茶盘应放在次桌上或主桌的旁边。注意为客人沏茶遵守"茶七"的原则，茶杯置于客人的右手旁，杯耳向右。茶不过"三"，客人不是太渴，无须再三请茶。喝茶的声音不宜太大。主人奉茶或者添水，客人理应站起来，说声"谢谢"。

2. 为客人续水的操作礼仪

第一步：左脚向前半步。

第二步：用左手的小指和无名指夹起杯盖。

第三步：用大拇指、食指和中指握住杯把，将茶杯端起。

第四步：侧身，腰略弯曲，进行续水。续水时，不要倒得过快，瓶口不要对客人，水不宜倒得过满，七分杯即可。

第五步：续水后，杯把一律朝客人右手一侧，盖好杯盖。
第六步：伸手示意，同时对客人说"请用茶"。

二、饮咖啡的礼仪训练

饮用咖啡的基本程序是：先将咖啡杯置于托盘上，盛入咖啡；再根据自己的习惯、爱好决定是否加糖和牛奶。如果需要加糖，应用专用糖夹将方糖夹入咖啡杯中；如果加奶，先将适量牛奶加入咖啡中，然后用小匙轻轻搅拌均匀，将小匙取出放于托盘上，千万不可放于杯内。然后用左手端起托盘，将托盘端至齐胸的高度；右手持盘中杯耳；将杯端离托盘慢慢品饮。切忌一饮而尽，切忌用小匙一匙一匙地舀咖啡喝。因为这些做法都是不规范的，也是失礼的。喝完咖啡后，应再将杯子置于托盘中，将托盘放在桌上。

在较为正式的场合，特别是在大庭广众之前饮用咖啡时，务必在个人举止方面处处谨慎。其中最主要的，是要在饮用的数量、配料的添加、饮时的方法等三个具体方面多加检点。

1. 饮用的数量

（1）杯数要少。在正式场合饮咖啡，至多不应多于三杯。

（2）入口要少。饮咖啡时，一杯咖啡总要喝上十来分钟，并且应分为十来口慢慢喝。唯有一小口一小口慢慢地品尝咖啡，才能悟出其难言之妙，并且显得自己举止优雅脱俗。

2. 配料的添加

在某些情况下饮咖啡时，需要饮用者自己动手，根据个人需要和爱好，往咖啡里面添加一些诸如牛奶、方糖之类的配料。

（1）自主添加。在添加咖啡的配料时，自主添加就是要求大家自己为自己负责，完全自行其是。

（2）文明添加。要求大家在具体操作时自然大方，温文尔雅，尽量避免不卫生、不得体的做法。

3. 饮时的方法

（1）杯的持握。伸出右手，用拇指与食指握住杯耳之后，再轻缓地端起杯子。在正式场合，咖啡都是盛入杯中，然后放在碟子上一起端上桌的。碟子的作用，主要是用来放置咖啡匙，并接收溢出杯子的咖啡。

若坐在桌子附近饮咖啡，通常只需端杯子，而不必端碟子。若距桌子较远，或站立、走动时饮咖啡，则应用左手持杯、碟一起端起，至齐胸高度，再以右手持杯而饮。

（2）匙的使用。第一，加入牛奶或奶油后，可以轻轻搅动，使其与咖啡相互融合。第二，加入方糖之后，可以略加搅拌，促使其迅速溶化。第三，若嫌咖啡太烫，可待其自然冷却，或以匙稍做搅动，促使其变凉。

咖啡匙的使用，有两条非常重要的禁忌。其一，不可以用匙去舀起咖啡来饮用。在公共场合这么做，定会令人瞠目。其二，不可以让它在咖啡杯中立正。不用它的时候，可将其平放在咖啡碟里。

（3）取食甜点。饮用者自行取用。需要取食甜点时，要先放下咖啡杯，而在饮用咖啡时，手中也不宜同时拿着甜点品尝。切勿双手左右开弓，一边大吃，一边猛喝。这种做法，会显得吃相不雅。另外，切勿只吃不喝，弄得本末倒置。

（4）交谈须知。在饮用咖啡时，应适时地与交往对象进行交谈。在交谈时，务必细语柔声，千万不要大声喧哗，乱开玩笑，更不要与人动手动脚，追追打打。这样做，会破坏饮咖啡的现场氛围。

不要在他人饮咖啡时，向其提出问题。自己饮过咖啡要讲话以前，最好先用纸巾揩一揩嘴，以免弄脏嘴角，显得自己模样难看。

三、奉茶和咖啡的步骤

奉茶和咖啡的步骤如表 13-1 所示。

表 13-1　奉茶和咖啡步骤

1. 准备好器具	（1）准备好杯子、杯垫、托盘、奶精、糖、抹布等器具。 （2）各项器具一定要注意清洗干净
2. 将茶或咖啡等用品放在托盘上	（1）不管份数多少，一律使用托盘端送。 （2）右手拿抹布，以便茶或咖啡不小心溅在桌面上时立即擦拭
3. 先将托盘放在桌上再端送给客人	（1）若会客室有门，须先敲门再进入。 （2）须面带笑容，点头示意
4. 奉茶或咖啡时客人优先	（1）客人优先。 （2）若客人及主人不止一人时，依职位高低顺序进行
5. 留意奉茶或咖啡的动作	（1）双手捧起茶或咖啡杯，视状况可从客人的正面奉上或走到访客的斜后方，从客人的侧面奉上。 （2）若使用糖罐或奶精罐，应放在大家方便取用之处
6. 拿起托盘退出会客室	双手拿起托盘，后退一步，鞠躬致意或轻说一句"打扰了"，然后退出

> 💡 **提示指导**
>
> 为客人沏茶不宜过满，古人主张"茶七酒八"，否则一路泼洒很尴尬。茶杯最好用托盘端出，并以双手奉上。茶杯置于客人的右手旁，杯耳向右。咖啡匙只是用来搅拌咖啡，以溶化奶精和糖，或者用来使过烫的咖啡冷却。递送水杯时，手指不要碰到杯沿，以保持清洁。

【项目小结】

餐饮礼仪是交往中比较常见的礼仪形式。本项目分别介绍了餐饮礼仪的基本原则，常见的宴请形式，宴请的基本礼仪，赴宴礼仪，赴宴前、赴宴中、赴宴后的礼仪。

中餐礼仪主要介绍了中餐用餐方式、中餐餐具的摆法、中餐就餐礼仪、中餐宴会的座次安排、中餐用餐应注意的礼节、中餐用餐禁忌。

西餐礼仪主要从西餐上菜顺序、西餐餐具的使用、西餐就餐礼仪、西餐用餐应注意的礼节等几个部分作了简单的阐述。

饮用礼仪介绍了茶的礼仪、饮茶注意事项、为客人续水的操作礼仪、饮咖啡的礼仪等。

【思考题】

1. 什么是宴会？宴会的种类有哪些？如何准备宴会？
2. 赴宴包括哪几部分？分别说出它们的要求？
3. 如何进行宴会的桌次、座次安排？
4. 假设现有上级领导、嘉宾、客人、你单位处长、你部门科长、主管、比你年长的同事和你的同事共十人，请你为他们安排一次餐会。根据所学的礼仪知识，安排好他们各自的席位并画一张座位图。
5. 中餐筷子的作用有哪些？
6. 西餐的礼仪要求有哪些？
7. 奉茶和咖啡的基本礼仪规范是什么？
8. 假设你的单位为了举行店庆，决定于 2022 年 4 月 11 日上午 11 点在某大酒店宴会厅举行宴请活动，请你写一张请柬送给你合作伙伴——××公司总经理王总，请他届时参加。

【讨论】

刘某请从国外回来的好朋友齐某夫妇到家里吃饭，席间刘某不顾齐某夫妇的一再推托，很热情地用自己的筷子为齐某夫妇夹菜。刘某吃鱼的时候，不小心把鱼刺插进牙缝，于是，刘某拿起桌子上的牙签，当着大家的面剔牙，还把剔出来的鱼刺放在桌子上。

你认为刘某的做法对吗？若是你，会怎么做？

【技能训练标准】

实训学时	2 学时
实训的方法和手段	1. 示范讲解，接受任务，情景操作，角色扮演，练习指导，展示成果，比赛。 2. 通过情景示范，引导学生顺利完成赴宴前、中、后的活动安排。 3. 会应用知识进入角色，合理有序地安排宴请桌次、席次、位次、餐具的摆放。 4. 分组设计实战场景，可结合就餐、赴宴、席次排列依次轮流进行各类角色扮演（从主客双方引导、入座、座次安排、用餐、交谈到离席，会应用饮用知识合理地敬茶、续水、喝咖啡），汇报表演、成果展示和竞赛
实训的要求和标准	要求：认真听课，明确任务，树立信心，操作规范，团队配合。 标准：1. 是否了解餐饮礼仪的五项基本原则；能够合理安排正式宴请的准备工作，筹备方案的写作，能够合理拟写餐会请柬或邀请卡。 2. 是否了解赴宴的礼仪要求，能够合理安排宴请桌次和席次的排列；操作程序是否规范，安排是否恰当合理。 3. 是否了解就餐的礼仪要求、进餐时的注意事项，能够合理摆放中餐餐具，离席是否符合规范要求。 4. 是否了解西餐餐具合理摆放礼仪，能够了解参加宴请的注意事项，准点到场，礼貌入席，准确使用餐具，符合西餐用餐礼仪。 5. 是否了解饮用礼仪的茶礼仪、咖啡礼仪的内容和知识点；能够合理敬茶，用咖啡匙饮用咖啡；能够根据情景编制适合茶和咖啡的操作场景，操作中程序规范
任务考核	1. 根据不同情况，能够合理安排宴请的规格，全面准确确定宴请的规格、对象及范围。合理安排宴请的时间、地点、讲话稿、祝酒词。拟写餐会的请柬或邀请卡。 2. 分组设计赴宴场景，每组轮流操作，展示宴请桌次和位次摆放安排，并进行分析、评议、打分。

续表

实训学时	2 学时
任务考核	3. 分组操作，在引导客人入席、入座操作时，手势与站位规范，入座姿态与举止恰当，谈话时亲切地注视对方。 4. 西餐餐具摆台操作及餐具的选择必须与西式菜肴相匹配，餐具确保洁净完好。餐台摆放整体效果美观、大方。掌握就餐礼仪规范，操作符合要领要求。 5. 饮茶操作规范：茶杯用托盘端出，双手奉茶从位高者依次敬茶；沏茶遵守"茶七"的原则；主人奉茶或者添水，客人理应站起来，说声"谢谢"。根据操作给出分数
任务布置	根据所学知识，学生自设场景，模拟赴宴礼仪及座次的排列

项目十四　仪式仪典礼仪训练

项目十四 仪式仪典礼仪训练

【训练目标】

通过实训了解常见的仪式、仪典及其规范要求,掌握仪式、仪典过程。学会接待和迎送宾客的礼仪常识。

【训练要点】

1. 了解各种仪式仪典的基本程序。
2. 掌握签字仪式的程序。
3. 熟悉剪彩仪式的礼仪规范。
4. 要求学生能够掌握迎送宾客的礼仪规范。

【过程控制】

理论讲解→示范→仪式练习→演练→纠正→综合考核。

【技能要求】

程序规范、布局合理。

【训练口号】

礼仪规范、程序合理。

【案例导入】

张先生准备开一家综合性百货公司,他请来了一批朋友帮他策划开业庆典事项。王先生说:"开业庆典搞来搞去都是那个老套路,请乐队来唱唱歌,或是请腰鼓队来倒腾几下,花钱赚吆喝,只要热闹喜庆就行。"李先生说:"开业庆典不仅要喜庆,更要能沟通各方面的关系,我们要邀请一些与公司有密切联系的政界、商界、文化界人士来参加,以争取他们对公司的支持。"赵先生说:"搞庆典一定要有创意,要充分发掘企业自身的特质。"吴先生说:"庆典活动最好能有新闻价值,并邀请新闻媒体参加,提高公司的知名度。"众朋友七嘴八舌,张先生不知道听谁的了。

请你帮张先生拿拿主意,什么样的选择可以使开业庆典效果最好?

仪式礼仪是现代社会的重要社交方式,也是组织方对内营造和谐氛围、增加凝聚力、对外协调关系、扩大宣传、塑造形象的有效手段。仪式礼仪活动包括婚礼、开业、剪彩、签字、庆典、升旗、白事等。不论哪种仪式,都是非常郑重的社交活动,气氛要么隆重,要么庄严,要么神圣,要么肃穆。无论是主办方还是参加者,都必须遵守一定的流程、礼仪惯例、举止和言行,这就是仪式礼仪。

任务一　掌握签字仪式程序礼仪

签字仪式是双方或多方就某个问题或某些问题通过谈判达成协议、协定时举行的一种仪式活动。它一般发生在社会团体、商业机构或涉外机构之间,是一种比较隆重、正式的礼仪,礼仪规范比较严格。

一、安排签字仪式

1. 要准备好待签合同的文本

在正式签署合同之前，应由举行签字仪式的主方事前做好待签合同的文本准备。有关部门应及早按时做好文本的定稿、翻译、校对、印刷、装订等工作，同时准备好签字用的文具、国旗等物品。签署涉外商务合同时，比照国际惯例，待签的合同文本应使用有关各方法定的官方语言，或是使用国际上通行的英文、法文。此外，亦可同时使用有关各方法定的官方语言与英文或法文。使用外文撰写合同时，应反复推敲，字斟句酌，不要望文生义或不解其意而乱用词汇。

待签的合同文本，应以精美的白纸印制而成，按大八开的规格装订成册，并以高档质料（如真皮、金属、软木等）作为封面。

2. 要布置好签字厅

总原则是要庄重、整洁、清静。签字厅有常设专用的，也有临时以会议厅、会客室来代替的。一间标准的签字厅，应当室内铺设地毯，正规签字桌应为长桌，应当横放于室内，桌面上铺设深色的台布，桌后摆放适量的座椅为双方签字人员的座位。签署双边性合同时，可放置两张座椅，供签字人就座。签署多边性合同时，可以仅放一张座椅，供各方签字人签字时轮流就座；也可以为每位签字人都各自提供一张座椅。签字人在就座时，一般应当面对正门。桌前摆的是各自保存的合同文本，上端分别放置签字时所用的签字笔、吸墨器等文具。中间摆放一旗架，悬挂签字国双方的国旗。国旗需插放在该方签字人座椅的正前方。

3. 要安排好签字人的座次

在签署双边性合同时，应请客方签字人在签字桌右侧就座，主方签字人则应同时就座于签字桌左侧。双方各自的助签人，应分别站立于各自一方签字人的外侧，以便随时对签字人提供帮助。签字人双方其他的随员，可以按照一定的顺序在己方签字人的正对面就座，也可以依照职位的高低，依次自左至右（客方）或是自右至左（主方）地列成一行，站立于己方签字人的身后。当一行站不完时，可以按照以上顺序并遵照"前高后低"的惯例排成两行、三行或四行。原则上，双方随员人数应大体上相近。在签署多边性合同时，一般仅设一个签字椅，各方签字人签字时，须依照有关各方事先同意的先后顺序，依次上前签字。他们的助签人应随之一同行动。在助签时，依"右高左低"的规矩，助签人应站立于签字人的左侧。与此同时，有关各方的随员应按照一定的序列，面对签字桌就座或站立。

4. 要规范好签字人员的服饰

在出席签字仪式时，穿着具有礼服性质的深色西装套装或西装套裙，配以白色衬衫与深色皮鞋。男士还必须系上单色领带，以示正规。

在签字仪式上露面的礼仪人员、接待人员，可以穿自己的工作制服，或是旗袍一类的礼仪性服装。

二、签字仪式的基本程序

（1）宣布签字仪式正式开始。各方参加人员应按礼宾次序先后进入签字厅，在各自既定的位置上正式就位。

（2）助签人员分别站立于本方签字人员的外后侧，协助翻揭文本，指明签字处。

（3）签字人签署文件。首先签署己方所保存的文本，然后再签署他方所保存的文本。依照礼仪规范，每一位签字人在己方所保留的文本上签字时，应当名列首位。因此，每一位签字人均须首先签署由己方所保存的文本，然后再交由他方签字人签署。

（4）签字人交换文本。各方签字人热烈握手，互致祝贺，互换双方用过的签字笔以作纪念，全场人员热烈鼓掌，以表示祝贺。

【技能训练】

假设你是××公司的礼仪小姐，在签署合同中你所做的工作是什么？

（5）由礼仪小姐或礼仪先生分别为主客方的主签人或全体人员每人呈上约三分之二杯的香槟酒，双方共饮香槟酒互相道贺，并与其他方面的人士一一干杯。

【技能训练】

礼仪小姐或礼仪先生应当用什么工具为主客方的主签人或全体人员呈上香槟酒？礼仪小姐的礼仪规范、举止、表情、眼神应当怎么做？

（6）双方在签字厅合影留念。

（7）接着请双方最高领导者及客方先退场，然后东道主再退场。

整个签字仪式以半小时左右为宜。

【思考与练习】

××学院与××集团的"订单式"培养签字仪式在××学院会议厅隆重举行。本次仪式由××学院办公室王主任负责筹备，参加的领导有××集团总经理、人力资源部部长、办公室主任、人力资源部主任、人力资源部办事员、××学院院长、副院长、学院办公室主任、教务处处长及××系主任，同时还邀请了当地的新闻媒体记者参加。签字仪式上，大家举杯庆祝，共同祝贺这次合作的成功。

【技能训练】

1. 请模拟本次签字仪式，各组按照以上人员分配角色，进入演练。
2. 假设你是这次签字仪式的组织者，你应当在签字前做哪些工作？
3. 假设你是甲方的工作人员，如何安排好本次的签字仪式？
4. 请各组分配角色，扮演礼仪小姐、助签人员，进行从进入签字厅到退出签字厅的整体程序练习。

💡 提示指导

在外国参加签字仪式，应尊重该国举行签字仪式的传统习惯。有的国家可能会准备两张签字桌，有的国家可能要求参加签字仪式的人员坐在签字人对面，对此不必在意。关键是要不辱使命，对此我方人员不应忘记。

三、签字仪式的位次排列

举行签字仪式时，座次排列的具体方式共有三种基本形式，它们分别适用于不同的具体情况。

1. 并列式

并列式排座，是举行双边签字仪式时最常见的形式。它的基本做法是：签字桌在室内面门横放。双方出席仪式的全体人员在签字桌之后并排排列，双方签字人员居中面门而坐，客方居右，主方居左，如图14-1所示。

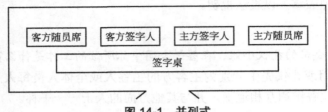

图14-1 并列式

2. 相对式

相对式签字仪式的排座，与并列式签字仪式的排座基本相同。二者之间的主要差别是相对式排座将双边参加签字仪式的随员席移至签字人的对面，如图14-2所示。

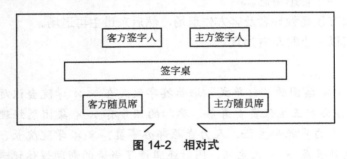

图14-2 相对式

3. 主席式

主席式排座，主要适用于多边签字仪式。其操作特点是：签字桌仍须在室内横放，签字席设在桌后，面对正门，但只设一个，并且不固定其就座者。举行仪式时，所有各方人员，包括签字人在内，皆应背对正门、面向签字席就座。签字时，各方签字人应以规定的先后顺序依次走上签字席就座签字，然后退回原位就座，如图14-3所示。

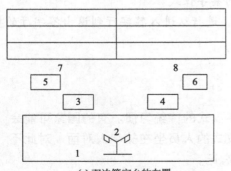

(a) 双边签字台的布置

1—签字桌；2—双方国旗；3—客方主签人；4—东道
国主签人；5—客方助签人；6—东道国助签人；
7—客方参签仪式人员；8—东道国参签仪式人员

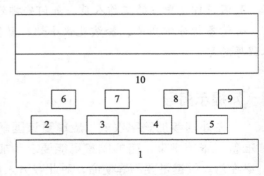

(b) 多边签字台的布置

1—签字长台；2～5—参签主签人；6～9—参签助签人；
10—所有参签仪式人员席位

图14-3 主席式

任务二 熟悉剪彩仪式礼仪

剪彩仪式是指有关组织为了庆贺公司的设立，工程的奠基、竣工，大型建筑物的启用，道路桥梁的开通，博览会的开幕等举行的一种隆重的庆祝活动和宣传活动。因其主要活动内容是邀请专人使用剪刀剪断被称为"彩"的红色缎带，故被人们称为剪彩。

剪彩仪式一般安排在新建设施工地或完工工程的现场举行。

剪彩人员一般由上级领导、主管部门负责人、社会名流、合作伙伴、客户代表所担任。

剪彩仪式的用品如剪刀、白纱手套、托盘应按剪彩者人数配备，系有花结的大红缎带应有 2 米左右，时间以短为宜，原则上不超过 1 小时，有时 15 分钟即可。

为了增加热烈、隆重和欢快的喜庆气氛，可邀请一定数量的训练有素、仪态高雅的礼仪小姐参加仪式。其着装应选择款式、面料、色彩统一的单色旗袍，穿黑色高跟皮鞋，配肉色长筒丝袜，化淡妆，盘发髻为佳。

一、剪彩的基本用具

1. 红色缎带

2 米左右的细窄的红色绸缎缎带，在中间结成数朵花团。一般来说，红色绸缎上所结的花团，不仅要生动、硕大、醒目，而且其具体数目往往还同现场剪彩者的人数直接相关。循例，红色缎带上所结的花团的具体数目有两类模式可依。其一，花团的数目较现场剪彩者的人数多上一个；其二，花团的数目较现场剪彩者的人数少上一个。前者可使每位剪彩者总是处于两朵花团之间，尤显正式；后者则不同常规，亦有新意。

2. 新剪刀

新剪刀供剪彩者在剪彩仪式上正式使用。它必须是每位现场剪彩人人手一把，而且必须崭新、锋利而顺手。事先，一定要逐把检查一下将被用以剪彩的剪刀是否已经开刃，好不好用。务必确保剪彩者在以之正式剪彩时，可以一举成功，而切勿一再补刀。在剪彩仪式结束后，主办方可将每位剪彩者所使用的剪刀经过包装之后，送给对方以资纪念。

3. 白色手套

白色手套是专为剪彩者所准备的。在正式的剪彩仪式上，剪彩者剪彩时最好每人戴上一副白色薄纱手套，以示郑重其事。在准备白色薄纱手套时，除了要确保其数量充足之外，还须使之大小适度、崭新平整、洁白无瑕。有时，亦可不准备白色薄纱手套。

4. 托盘

剪彩仪式上，托盘托在礼仪小姐手中，用作盛放红色缎带、剪刀、白色手套。在剪彩仪式上所使用的托盘，最好是崭新的、洁净的。它通常首选银色的不锈钢制品。为了显示正规，可在使用时上铺红色绒布或绸布。就其数量而论，在剪彩时，可以一只托盘依次向各位剪彩者提供剪刀与手套，并同时盛放红色缎带；也可以为每一位剪彩者配置一只专为其服务的托盘，同时使红色缎带专由一只托盘盛放。后一种方法显得更加正式一些。

5. 红色地毯

红色地毯主要铺设在剪彩者正式剪彩时的站立之处。其长度可视剪彩人数的多寡而定，其宽度则不应在 1 米以下。在剪彩现场铺设红色地毯，主要是为了提升档次，并营造一种喜庆的气氛。有时，亦可不予铺设。

【技能训练】

假设某酒店开业，拟举行剪彩仪式，本次应邀的贵宾有五人，请问花团应准备几团？剪刀应准备几把？白色手套应准备几双？银色不锈钢托盘应准备几个？红色的地毯宽度应在多少以上？

提示指导

剪彩仪式的准备工作，是要注意对剪彩者的特别邀请和对礼仪小姐的训练。剪彩者一般是上级领导、主管部门负责人或某一方面的知名人士，因此应当发出郑重邀请，可由主办单位领导亲自出面或委派代表专程前往邀请。若是请几位剪彩者同时剪彩，要事先征得每位剪彩者的同意，否则就是对剪彩者的失礼。剪彩礼仪小姐是剪彩时扯彩带、递剪刀、接彩球的服务小姐，是剪彩仪式中的重要角色，可以从本企业挑选，也可到有关单位去聘请。一般要求仪容、仪表、仪态文雅、大方、庄重、优美。人员确定后，要经过必要的分工和演练。剪彩仪式还要准备彩带、剪刀、托盘等用品和适当的纪念品。

二、剪彩人员的选定

（1）剪彩者，仪式上持剪刀剪彩之人。根据惯例，剪彩者可以是一个人，也可以是几个人，但是一般不应多于五人。

（2）助剪者，是为剪彩者提供帮助的人员。由东道主礼仪小姐担任。

提示指导

剪彩者是剪彩仪式的主角，一般具有较高的社会威望，深受大家的尊重和信任，剪彩者的礼仪直接关系到剪彩仪式的效果。因此，作为剪彩者既要有荣誉感，又要有责任感，而这些都要从剪彩者的礼仪中体现出来。

剪彩者衣着服饰应大方、整洁，容貌适当修饰，看上去容光焕发、充满活力。在剪彩过程中，剪彩者要保持一种稳重的姿态、洒脱的风度和优雅的举止。当主持人宣布开始剪彩时，剪彩者要面带微笑，步履稳健地走向由礼仪小姐扯起的彩带，接过礼仪小姐用托盘呈上的剪刀，并用微笑点头表示谢意，然后聚精会神地将彩带剪断。如果有几位剪彩者时，处在外端的剪彩者应用眼睛余光注视中间的剪彩者的动作，力争同时剪断彩带，同时还应注意与礼仪小姐配合，使彩球落于托盘内。

三、剪彩的程序

1. 邀请来宾就位

在剪彩仪式上，通常只为剪彩者、来宾和本单位的负责人安排座席。在剪彩仪式开始时，即应敬请大家在已排好顺序的座位上就座。在一般情况下，剪彩者应就座于前排。若其不止一人时，则应使之按照剪彩时的具体顺序就座。

2. 宣布仪式正式开始

在主持人宣布仪式开始后，乐队应演奏音乐，现场可施放礼花礼炮，全体到场者应热烈鼓掌。此后，主持人应向全体到场者介绍到场的重要来宾。

3. 奏乐

必要时，亦可随之演奏本单位标志性歌曲。

4. 宾主发言

发言者依次应为东道主单位的代表、上级主管部门的代表、地方政府的代表、合作单位的代表，等等。其内容应言简意赅，每人不超过3分钟，重点分别应为介绍、道谢与致贺。

5. 开始剪彩

全体应热烈鼓掌，必要时还可奏乐或燃放鞭炮。在剪彩前，须向全体到场者介绍剪彩者。

6. 进行参观

剪彩之后，主人应陪同来宾参观被剪彩之物。仪式至此宣告结束。随后，东道主单位可向来宾赠送纪念性礼品，并以自助餐款待全体来宾。

四、剪彩的具体规范

礼仪小姐率先入场（一列）拉彩—捧花—托盘者就位—剪彩者登台—递剪刀—剪彩—举起剪刀致意—鼓掌—退场。

当主持人宣告进行剪彩之后，礼仪小姐即应率先登场。在上场时，礼仪小姐应排成一行行进。从两侧同时登台，或是从右侧登台。登台之后，拉彩者与捧花者应当站成一行，拉彩者处于两端拉直红色缎带，捧花者各自双手手捧一朵花团。托盘者须站立在拉彩者与捧花者身后一米左右，并且自成一行。

在剪彩者登台时，引导者应在其左前方进行引导，使之各就各位。剪彩者登台时，宜从右侧出场。当剪彩者均已到达既定位置之后，托盘者应前行一步，到达前者的右后侧，以便为其递上剪刀、手套。

剪彩者若不止一人，则其登台时亦应列成一行，并且使主剪者行进在前。在主持人向全体到场者介绍剪彩者时，后者应面含微笑向大家欠身或点头致意。

剪彩者行至既定位置之后，应向拉彩者、捧花者含笑致意。当托盘者递上剪刀、手套，亦应微笑着向对方道谢。

在正式剪彩前，剪彩者应首先向拉彩者、捧花者示意，待其有所准备后，集中精力，右手手持剪刀，表情庄重地将红色缎带一刀剪断。若多名剪彩者同时剪彩时，其他剪彩者应注意主剪者动作，与其主动协调一致，力争大家同时将红色缎带剪断。

按照惯例，剪彩以后，红色花团应准确无误地落入托盘者手中的托盘里，而切勿使之坠地。为此，需要捧花者与托盘者的合作。剪彩者在剪彩成功后，可以右手举起剪刀，面向全体到场者致意。然后放剪刀、手套于托盘之内，举手鼓掌。接下来，可依次与主人握手道喜，并列队在引导者的引导下退场。退场时，一般宜从右侧下台。

待剪彩者退场后，其他礼仪小姐方可列队由右侧退场。

不管是剪彩者还是助剪者在上下场时，都要注意井然有序、步履稳健、神态自然。在剪彩过程中，更是要表现得不卑不亢、落落大方。

> **提示指导**
>
> 　　在剪彩仪式上服务的礼仪小姐，可分为迎宾者、引导者、服务者、拉彩者、捧花者、托盘者。迎宾者是在活动现场负责迎来送往。引导者是负责带领剪彩者登台或退场。服务者是为来宾尤其是剪彩者提供饮料，安排休息之处。拉彩者是在剪彩时展开、拉直红色缎带。捧花者是在剪彩时手托花团。托盘者是为剪彩者提供剪刀、手套等剪彩用品。
>
> 　　托盘者可以为一人，亦可以为每位剪彩者各配一人。有时，礼仪小姐亦可身兼数职。礼仪小姐的基本条件是：相貌较好、身材颀长、年轻健康、气质高雅、音色甜美、反应敏捷、机智灵活、善于交际。礼仪小姐的最佳装束应为：化淡妆、盘起头发，穿款式、面料、色彩统一的单色旗袍，配肉色连裤丝袜、黑色高跟皮鞋。除戒指、耳环或耳钉外，不佩戴其他任何首饰。有时，礼仪小姐身穿深色或单色的套裙亦可。但是，她们的穿着打扮必须尽可能地整齐统一。必要时，可向庆典礼仪公司聘请专业礼仪小姐。

【技能训练】

　　某家电分店隆重开业，在开业当天拟举行剪彩仪式，剪彩者有该区工商局局长王先生、家电供应商代表刘先生、报社社长李女士、分店店长陈先生。请模拟剪彩仪式，学生分别扮演上述角色，依照顺序发言。并扮演礼仪小姐，做好协助工作。在演练过程中，注意遵守剪彩仪式的各项礼仪要求和规范。

【项目小结】

　　本项目主要介绍了签字前的准备工作，包括待签合同文本的预备、签字厅的布置、签字人的座次安排、签字人员的服饰。举行仪式的基本程序包括签字人员进入签字厅、正式签署合同文本、交换合同文本、举杯庆祝、合影留念等。

　　剪彩仪式主要是认真做好剪彩前的准备工作、剪彩人员的选定，安排好剪彩的程序，剪彩中的具体规范必须做到标准无误。

【思考题】

1. 什么是仪式？
2. 如何布置签字场所？
3. 剪彩的正确做法是什么？
4. 剪彩仪式的必备物品是什么？
5. 签字仪式的基本程序有哪些？

【讨论】

　　某校建校60周年之际，学校领导经过研究，决定举办60周年校庆活动。学校成立了

项目十四 仪式仪典礼仪训练

校庆筹备委员会，下设秘书组、新闻组、接待组、信息组、联络组，每组的组长都由学校的中层以上干部担任，筹委会给予他们充分的权力和空间，自主设置校庆项目及相关事宜，重大项目须由校庆筹备委员会讨论审核。

请你确定秘书组、新闻组、接待组、信息组、联络组各自的工作职责。

【技能训练标准】

实训学时	2 学时
实训的方法和手段	1. 示范讲解，情景模拟操作，角色扮演，纠正指导，展示成果。每位分别扮演一个角色，演示 3～4 次，每组轮流。 2. 会策划签字仪式的程序。会进行签字仪式现场的布置。能完成签字仪式的实施过程。 3. 展示成果：学生动手布置好签字、剪彩仪式场景，让学生直观学习各项仪式的规范礼仪和程序要求。 4. 服装要求规范
实训的要求和标准	签字仪式要求：按照签字仪式的礼仪程序与要求进行签字前、中、后的操作。 标准 1. 草拟一份签字仪式的准备方案。 2. 布置模拟签字厅。 3. 模拟演示签字仪式。 4. 参加实训的双方须简单演示见面礼仪，在着装上适当修饰。 剪彩仪式要求： 剪彩道具准备：红色缎带、新剪刀、白色手套、托盘、红色地毯。剪彩人员的选定：剪彩者，一人或几人，最多五人；助剪者，东道主礼仪小姐担任。 标准： 剪彩的程序： ①邀请来宾就位；②宣布仪式正式开始；③奏乐；④宾主发言；⑤开始剪彩；⑥进行参观
任务考核	1. 签字仪式的准备 签字的座次安排。 接待人员的礼仪规范。 由学生互评，最后综合评定成绩。分别对每个小组和个人按评分要求打分，最后评出总分。 2. 剪彩仪式：礼仪规范，化淡妆，最好是色彩统一的单色旗袍，肉色连裤丝袜，黑色高跟皮鞋。 仪态规范。 剪彩准备，包括：场地的布置、环境的卫生、灯光与音响的准备、媒体的邀请；红色的绸带、新剪刀、白色薄纱手套、托盘以及红色的地毯等。 剪彩人员审慎选定。 剪彩的程序合理。 剪彩的做法标准无误
任务布置	用所学知识，学生自设场景，模拟签订仪式及剪彩仪式

项目十五　应聘礼仪训练

【训练目标】

通过学习了解应聘时应注意的礼貌、礼节问题,掌握一些应聘的基本技巧。

【训练要点】

着装得体、举止优雅、谈吐礼貌、反应敏捷、灵活应变。

【过程控制】

理论讲解→情景模拟→观摩→纠正→综合考核。

【技能要求】

应聘时的着装、举止、表情、谈吐符合礼仪规范。

【训练口号】

穿出魅力来,让自己更美。

【案例导入】

一位先生登报招聘一名办公室勤杂工,有50多人前来应聘。这位先生从中挑选了一位青年。他的一位朋友问:"你为何喜欢那个青年?他既没有带一封介绍信,也没有任何人推荐。"

"你错了,"这位先生说,"他带来了许多介绍信。他在门口擦掉了鞋底上的泥,进门后随手关上了门,说明他做事小心仔细。当他看到那位残疾老人时,立即起身让座,表明他心地善良、体贴别人。进了办公室,他先脱去帽子,回答我的提问时干脆果断,证明他既懂礼貌又有教养。其他所有人都从我故意放在地板上的那本书上迈过去,而他却俯身捡起书,并把它放到桌子上。他衣着整洁,头发梳得整整齐齐,指甲修得干干净净。难道你不认为这些就是最好的介绍信吗?"

[评点] 在求职应聘的过程中,知识和能力固然很重要,但仅凭技能还不够,求职者还应当学习求职知识、求职技巧和求职礼仪,以便顺利择业,大展宏图。

应聘,是一个双方相互审视、试探性接触的过程,在很多情况下是与陌生人最直接的"短兵相接",并且要求这种接触和谐、融洽。应聘礼多人不怪,礼仪是道德的一种外在表现形式,它在人际关系的调节中具有不可忽视的作用。第一印象非常重要,如何给用人单位留下最好的印象,有以下几个细节问题需要注意。

任务一 掌握求职礼仪

一、第一印象

"你永远没有第二次机会树立第一印象。"任何人都会根据与他人见面后的最初几秒或几分钟,对他人迅速地做出判断,这种最先的印象对人影响强烈,在求职应聘这种事关个人成长发展的事件中,第一印象尤为重要。作为初入职场的大学生,虽然在求职经验方面有所欠缺,但是为了在激烈的求职竞争中展示自己,给考官树立良好的第一印象,还是应该注意从以下几个方面着手。

1. 训练有素

素，即素质、素养，是一个人个人能力与知识水平的全方位展示。大学生虽然没有丰富的工作经验，但仍然应该在考官面前展示出自己良好的教养与素质。这里就有很多细节事关礼仪，如礼貌的语言、得体的妆饰、干练的作风等。另外必须明确的是：你能为公司带来什么利益、贡献或成效，依据这些来展现自己的素质就会更具有目标性。

2. 具有潜力

大学生在职场上是新人，但不能一味以"自己是新人"为借口来姑息自己。在职场，我们不仅会与那些和我们一道求职的其他"新人"竞争，更要与那些早已拥有充分工作经验的"老人"竞争，某些求职者所说的"我是抱着学习的目的而来的""请给我一个学习的机会"等等，不但不会为其加分，甚至还会把机会丢掉。因此，我们应该用自己的个人实力表现出我们不是企业花钱请来学习的，而是具有发展潜力，能够在企业中逐渐成长为一个为企业带来实际效益的"潜力股"。

3. 善于合作

在现代社会，没有哪一份工作是靠一个人的力量完成的，企业当中也越来越多地出现"项目小组""工作团队"这样的名称，可见，企业已经开始重点关注团队型作业。一个人个人能力再强、个人水平再高，如果无法和团队中的其他成员和谐相处，实现"1+1＞2"的经济效益，将在企业中寸步难行，没有企业是愿意用这样的人才的。

二、准备充分

1. 不喜欢迟到者

参加应聘应特别注意遵守时间，一般提前10～15分钟到达面试地点，以表示求职的诚意，给对方以信任感。另外，早到十几分钟，也是给自己一个缓冲和调整的时间。早到不要早拜访，还是应该在约定的时间再进门拜访，以免使对方"措手不及"。而早到的这段时间，我们可以到盥洗室再把自己从头到尾打量一遍，看看是否有仪容仪表方面的问题，做最后的整理和准备。

2. 有备而来，"有备无患，万无一失"

俗话说得好："机会总是留给有准备的人。"在应聘时，我们也应做到有备而来。这就要求我们要充分搜集各种相关资料，这些资料包括：企业基本情况，企业优、劣势，应聘岗位要求，个人应聘材料，等等。应努力做到知己知彼、百战不殆，并且要保证所有材料的真实性、有效性。

3. 写好求职信

求职信与个人简历一样，也属于求职应聘的"敲门砖"。求职信以信件形式出现，但不能洋洋洒洒写满几十页。在现代快节奏的生活中，没有人有时间拜读你的那些辞藻华丽、制作过分精良的信件，因此求职信应做到言简意赅，一般以一张纸为宜。可以选择打印版，如若字迹清晰、书写工整，也可手写，这其实也是在无形中展示了自己的一大优势。当然，还要注意带笔，黑色的签字笔、钢笔、中性笔均可，但切忌使用蓝色、红色或其他颜色的笔，更不能使用铅笔。

三、准备资料类型

（1）求职信、简历、自荐信、毕业生推荐表、成绩单，主要内容应有：本人基本情况、主要经历、所学专业、个人特长、担任社会工作和取得的各种荣誉、成绩、校系推荐意见等。表格上贴一张一寸近照。

（2）各种证件：毕业证书、个人身份证、外语、计算机、资格认证书、荣获的各种荣誉称号证书、等级证书的复印件、获奖学金及各类竞赛的证书等。

（3）参加社会实践、毕业实习的鉴定材料。

四、如何写求职信

求职信是用人单位考察人才的重要环节，一封好的求职信能给你带来一个好的工作机会，他会吸引招聘人员的目光，使你留下深刻的印象。

求职信一般包括五部分内容：正文、结尾、署名、日期、附件。我们从以下范例中来学习。

【范例】

求职信

尊敬的×××：

您好！

今年7月，我将从××××学院毕业，所学专业为市场营销。通过3年的在校学习，我已经掌握了基本的营销知识，并多次参加学校组织的各种实习、实践活动。

我是个勤奋好学的人，在大学期间，曾多次获得各项奖学金，我还担任过宣传委员，具有很强的组织和协调能力。我是个开朗、热心的人，有较强的沟通能力。我坚信：事业心和责任感使我能够面对任何困难和挑战。

如今的××行业正在蓬勃发展，我愿加入其中，为贵公司的发展做出自己的贡献。

随信附有我的简历。如有机会与您面谈，我将十分感谢。我的联系电话：××××。

　　此致

敬礼！

×××
×年×月×日

五、如何制作个人简历

1. 个人简历的结构

个人简历不同于求职信，其以表格形式展示，能够更加全面地综合展示个人多方面的信息，也更容易吸引考官的眼球。个人简历正文包括三部分。

（1）基本情况介绍。包括个人的姓名、性别、籍贯、出生年月、政治面貌、健康状况等信息。这里要强调的是，一定要有自己的联系方式，即电话、通信地址、邮编、邮箱等，并且最好以醒目的形式出现。

（2）学历情况概述。包括学习历程、在校期间获奖情况、爱好和特长、参加过的社会实践活动、所任职务、承担的任务等。也可以将与职位有关的课程与成绩写上，并且最好按照重要性程度以及与职位的相关程度排列。

（3）工作经历。介绍曾经工作过的单位名称、职位、个人工作成绩、培训或深造就学情况、工作变动情况、职务升迁情况等。作为大学生，虽然没有正式工作过，但可以将自己的实习经历、兼职经历以及感受与收获做简要介绍。

2. 个人简历书写要求

（1）题目及抬头。顶格书写。如"尊敬的贵公司负责人""尊敬的厂领导"等。

（2）开场白。如"感谢您在百忙之中抽出时间来阅读我的这份自荐书（个人情况简介）""以下的简介是我这几年来学业的展示和自我能力的展现"。

（3）自我介绍（个人具体情况）。包括姓名、出生地、民族、家庭情况。

（4）学业、成绩介绍、曾任职务。注明毕业于某某学校、所学专业、兼修过什么专业、学业成绩如何。如"取得了优异的成绩""以优异成绩毕业于……"等；"各科均获得较优异成绩"或"以较优异成绩毕业于……"等；"在校期间，各科成绩均是良好"或"以良好成绩毕业于……"。在校期间，所担任过的学院、系别、社团的各类职务。

（5）获取的奖励认证和个人特长。在校就读期间，所获的各类奖励荣誉、资格证书、等级认证书、各类参赛名次证书等。

（6）对用人单位的认知度和前景展望（针对具体单位而言才适合本条目）。

（7）结尾收束。再次感谢对方抽出时间来阅读自己的自荐书（个人情况简介）。此致、敬礼。

（8）落款。写于右下方，书写呈递人名字，在名字之后空开一个字的位置，书写"上""谨呈"等。在名字的下一行，错后姓名一个字的位置，书写时间，年、月、日要具备，数字以阿拉伯数字为宜。

> **提示指导**
>
> 求职应聘是大学生在校期间遇到的最为正式、也是对自己影响最为深远的事项，每个人都希望自己在应聘中脱颖而出，得到自己最喜欢的工作。但是，要想事遂人愿，我们必须在应聘前就开始做大量的准备工作，这样才能保证我们在应聘时抓住机遇。很多人应聘的失败不是败在专业问题上，而是败在那些非专业问题上。因此，在应聘时，一定要注意从礼仪的角度着手准备，不要让自己遗憾。

任务二　掌握面试礼仪

一、面试前的装束、仪容

应聘是正式场合，应穿着适合这一场合的衣服，着装应该较为正式，又略带学生气。总之，作为参加应聘的大学生，穿着打扮应给人"信得过"的印象，符合着装大方、精神饱满、有青年人朝气的特点。

作为一个年轻人，穿着仪表首先要体现青春和朝气，展示于社会的第一印象应该是大方、整洁。

学生以朴素为美，整洁为上，注意自己的装束不要显出高于一般学生消费能力，否则会给对方浮华的不良印象；不要穿着过于前卫的服饰，应取掉身上的各类饰物，否则会给对方见异思迁不够沉稳的印象；不要面部化妆头发染色，否则会给对方过于城府偏于早熟的印象。

（1）男学生，理好头发，剃好胡须，擦亮皮鞋，穿上颜色素净、干净整洁的深色西装配深色领带，衬衫以白色为好，穿深色短袜深色皮鞋。也可以穿着夹克衫、衬衫或体恤、牛仔裤、休闲鞋。

（2）女同学，宜穿连衣裙、休闲装、活泼的运动系列装、半高的高跟鞋，套装是最合宜的装扮，裙装长度应在膝盖左右或以下，服装颜色以淡雅或同色系的搭配为宜；头发梳理整齐，不能染发烫发；应施淡妆；不宜穿戴金银首饰，整体形象以朴素大方为主调。

面试前最好漱口，保持口气清新。

（3）提醒注意：

任何时候请保持衣服和鞋的洁净；

女生着短裙配凉鞋时可不着袜或着长筒丝袜，切忌短丝袜；

男生穿西装时，必须配皮鞋；

男生穿西裤时，哪怕是休闲西裤，都最好不要配旅游鞋，应该配皮鞋；

男生不要穿过紧的裤子及T恤；

男生不要穿西装打领带却配牛仔裤；

女生不要着男式的衬衣或西装；

男生着牛仔裤时，最好配上皮带；

男、女生都切忌穿明显是假冒的伪名牌服饰（这一点很重要）；

女生穿紧身牛仔裤时，最好不要配松糕鞋；

男生最好不要穿任何女性化的服装，特别是牛仔裤；

男生穿皮鞋时，最好不要穿运动袜；

男生不要穿运动休闲服却打领带；

女生不要穿套装或套裙却配双肩背包；

女生切忌穿长、短裙时却配一件外套。

二、面试时应注意的礼节

1. 注意会面时间

毕业生参加应聘应特别注意遵守时间，一般提前10～15分钟到达面试地点，以表示求职的诚意，给对方以信任感，同时也有时间调整自己的心态。建议翻阅一本轻松活泼、有趣的杂志，这样可以转移注意力，调整情绪，克服怯场心理。也可以采用"笑他稳己"的方式，观察一下其他应聘者的紧张样子，有的吓得脸色苍白，有的手发抖，有的不由自主地干咳……当你看到别人紧张成这副样子时，紧张的情绪在不知不觉中减轻了，结果自己反而能泰然处之。

大多数应聘同时会有数位毕业生候试，再由接待人员按应聘情况一一唱名引见，在引见之前，千万不可因等候时间长而急躁失礼，你的失礼，也许稍后就会传到招聘者的耳中。

2. 事前准备应对

询问前面出来的面试人员有哪几个问题是重点提及的，再考虑对方可能提出的问题，罗列回答这些问题的提纲，注意措辞。最好手持一份自荐书之类的文本材料，准备提供给对方查阅。

虽然在面试过程中我们一定会遇到从未准备过的问题，但是仍然要对在不同应聘场合经常见到的问题在应聘之前加以注意。以下是笔者总结的面试考官经常会提到的十大问题，以供大家提前做好准备：

① 请介绍一下你自己。
② 在学校你最不喜欢的课程是什么？为什么？
③ 说说你最大的优／缺点。
④ 你认为你在学校属于好学生吗？
⑤ 说说你的家庭。
⑥ 说说你对行业、技术发展趋势的看法。
⑦ 就你申请的这个职位，你认为你还欠缺什么？
⑧ 你期望的工资是多少？
⑨ 你能给公司带来什么？
⑩ 你还有什么问题吗？

3. 举止有度

首先，进入应聘室之前，不论门是开是关，都应先轻轻敲门，获得"请进"的回答后再进入。

其次，入室后，背对招聘者将门关上，然后缓慢转身面对招聘者，稍停，调整自我。

再次，走到座椅前可稍微欠身行礼，向主试者行半鞠躬礼，口头招呼"各位好！""各位早上好！""我是来面试的，叫某某某。""请多多指教！"。对方示意就座，再行至座位处，正襟危坐（图15-1）。坐下时应道声"谢谢"，然后等待询问开始。

图 15-1　面试时的坐姿

最后，坐姿要端正，坐满座位的三分之二，不要后靠，不要前仰，胸部挺直，脚踏在本人座位下，两膝并拢，将手放在膝上。两腿不要任意伸直，切忌跷二郎腿并不停抖动，两臂不要交叉在胸前，更不能把手放在邻座椅背上，不要给别人一种轻浮傲慢、有失庄重的印象。

在整个面试过程中,面部表情应始终面带微笑,谦虚和气,有问必答,切忌板起面孔、爱理不理,以眼瞟人。尤其是在对方有意轻慢、提问刁钻以视心理反应时要特别小心,无缘无故皱眉头或毫无表情都会给人以反感。

眼睛是心灵的窗户。应聘过程中最好把目光集中在招聘人的额头上,且眼神自然,以传达你对别人的诚意和尊重。经验证明:魂不守舍、目光不定的人让人感到不诚实;眼睛下垂则给人以缺乏自信的印象;而眼睛直盯着提问者,会被误解为向他挑战,给人以桀骜不驯的感觉;东张西望,会让人觉得三心二意;左右扫视、上下打量,则显得无礼。

4. 巧做自我介绍

当主试者要你做自我介绍时,记得将重点挑出稍加说明即可,如姓名、毕业学校、专长等,如主考官想更深入了解家庭背景及成员,你再加以介绍即可,说明越简洁有力越好。在做自我介绍时,还应注意尽量将自己的优点巧妙地展示出来,不要让人有故意做作之感。

【思考与练习】

一分钟自我介绍练习

即使准备再充分的人,也一定要坚信,在应聘过程中我们一定会遇到没有设想到的问题。但是,不能因为这样我们就自暴自弃,自己给自己施加极大的心理压力。在面试过程中,为了消除应聘者的紧张情绪,也为了了解应聘者自己眼中的自己,很多考官都会要求应聘者做一个自我介绍。而这个环节,就是我们所有人都能够把握的部分。在做自我介绍时,除了上文介绍的内容之外,还希望大家能从时间上把握一下。一般以一分钟左右为最佳,这个时间既不会显得过多而给对方造成烦冗之感,又能够在表达清晰的情况下将自己做一个比较全面的介绍。因此在做自我介绍时,希望大家能够以这个时间长度为限。

【技能训练】

请大家每人准备一份一分钟自我介绍发言稿,并在班级内交流。

5. 清晰回答问题

面谈时,对问题要清晰地回答,应注意的事项有以下几点。

(1)声量适中,说话速度不急不躁,不装腔作势。要就回答的事项,作简洁有条理的陈述。

(2)注意谈话的礼貌,避免说无礼或轻浮的话。

(3)以一般礼仪应对,不需过分阿谀奉承,以免招致反感。

(4)身体要保持稳重,不宜东张西望。

(5)保持适当距离,不宜太近或太远。

(6)不要随便打断主试者的问话,如果与主试者同时开口,则应请主试者先说。

(7)避免说伤感情、讽刺、不客气的话,更不宜说大话。

(8)回答问题时,应有自信,但不宜强行推销自己的理念,也不要太过谦虚,有礼貌即可。

(9)不用急着回答问题,最好思考一下再答,如能带着微笑作答,会给对方更好的印象。

(10)不要在面谈者前批评自己念过的学校或曾任职的公司。

(11)可大略询问工作的情形,不过,宜在面谈进行一段时间后再问,可借此了解此工作是否适合自己。

三、面试谈话技巧

在面试谈话的过程中，要注意谈话礼仪。

1. 注视对方

和对方谈话的时候，要正视对方的眼睛和眉毛之间的部位，和对方进行目光接触，如果不敢正视对方，会被人认为你害羞、害怕。

2. 学会倾听

好的交谈是建立在倾听基础上的。倾听是一种很重要的礼节。不会听，也就无法回答好主考官的问题。

倾听要对对方说的话表示出兴趣。在面试过程中，主考官的每一句话都可以说是非常重要的，要集中精力，认真地听，记住说话人讲话的内容重点。

倾听对方谈话时，要自然流露出敬意，这才是一个有教养、懂礼仪的人的表现。要做到：

① 记住说话者的名字；
② 身体微微倾向说话者，表示对说话者的重视；
③ 用目光注视说话者，保持微笑；
④ 适当地做出一些反应，如点头、会意地微笑、提出相关的问题等。

3. 身体语言

身体语言是指人的动作和举止，包括姿态、体态、手势和面部表情。它是一个人的修养、教育以及与人处事的基本态度的自然流露。

面试时，以下做法一定要避免。

（1）拖拉椅子，而发出很大的噪声。
（2）一屁股坐在椅子上。
（3）坐在椅子上，耷拉着肩膀，含胸驼背。
（4）半躺半坐，男的跷着二郎腿，女的双膝分开、叉开腿等，会给人放肆和缺乏教养的感觉。
（5）坐在椅子上，脚或者腿自觉不自觉地颤动或晃动。

面试时重要的是自信。这种自信可以通过步态表现出来。自信的步态应该是：身体重心稍微前倾，挺胸收腹，上身保持正直，双手自然前后摆动，脚步要轻而稳，两眼平视前方。步法要稳健，步履自然，有节奏感。需要注意的是，如果同行的有公司的职员或者接待小姐，你不要走在他们前面，应该走在他们的斜后方，距离保持一米左右。

俗话说，"此时无声胜有声"。用你无声的、职业化的举止，向招聘者表明你是最适合的人选。

> **提示指导**
>
> 每一位求职者，都希望在面试的时候留给主考官一个好印象，从而加大录取的可能性。中国有句古话："知己知彼，百战不殆。"面试就如同一场试探性的战斗，战斗的双方就是面试单位的主考官和参加面试的你自己。因此，事先了解一些求职特别是面试的礼仪，是求职者迈向面试成功的第一步。

任务三　掌握辞别礼仪

当主谈人说"感谢你来面谈"等诸如此类的话时，意味着面试完毕。

应聘者应一面徐徐起立，以眼神正视对方，并打好招呼，行半鞠躬礼，或与主谈人等握手道别，言语表示"谢谢各位"或"谢谢您""谢谢您给我一个应聘的机会，如果能有幸进入贵单位服务，我必定全力以赴"，并说声"再见"，轻轻把门关上退出。

面试之后，求职者不要消极地等待通知，最好在面试1～2天内，利用电子邮件或电话向主考官表示诚恳的感谢。

一般情况下，面试后3～5天内就会出结果，如果面试两周之后求职者还未收到答复，就应该发邮件或打电话给招聘单位或主考官，询问有关结果。如打电话，应事先想好要说的话，直切主题、语调欢快，声音清晰、明朗，不管是否被录用，都要表示感谢。

当然，也不要一面试完立即打电话询问，因为主考官可能还需要时间向上级领导请示批准，我们应给予他们考虑的时间。

【思考与练习】

美国著名教育家卡耐基先生的一位朋友就是靠胆大心细，才得以进入一家知名的广播公司。当时，有许多家公司请他"静候佳音"。他觉得"守株待兔"不是办法，于是开始主动进攻。他用十分冷静的语气打电话询问一家大公司："本人想询问一下贵公司是否还在征求助理制作？"他前后共打了10次电话，每一次的答案都是"对不起，我们部门没有征求任何人员"。他还是不甘心，继续打。终于，有人告诉他："你可以跟特拉多先生或杜尔先生联络，我们已经开始进行面谈了。"还有人回答说："是的，我们正在征求助理制作，你可以和崔斯基先生谈谈。"在面试的时候，主考官问他是如何得知这个机会的，因为公司并没有向外界透露消息，原打算由内部人员递补。他回答说他打了多次电话查询，终于侥幸地得到消息。主考官点头笑着说："这种锲而不舍的精神真是令人敬佩！"

【技能训练】

卡耐基先生的这位朋友为什么最终能得到这个工作？对你有什么启示？

> 💡 **提示指导**
>
> 求职并非易事，求职道路上并不总是求职者希望见到的一路绿灯。求职若被对方回绝，也不必沮丧，失败乃成功之母，再联系其他单位，西方不亮东方亮。一定要注意，千万不要因为一次求职失败而损害自己的自信心，我们必须收拾好自己的心情积极地投入到下一场应聘中去。要始终记得这句格言：如果你为了没有看到太阳而哭泣，那你也必将错失星星和月亮。

应聘礼仪的训练步骤和方法

（1）面谈的角色扮演。分组进行，大家分别扮演不同角色。

(2) 现场情景：模拟面试过程中的礼仪要求。

(3) 由三位同学扮演面谈主考人员，其余同学扮演应聘者，练习面试应聘。

(4) 相互观摩与演练，看哪一组同学真正完成了应聘任务。

【项目小结】

在求职应聘的过程中，要注意在对方面前树立良好的第一印象。作为初入职场的大学生，良好的第一印象可以通过训练有素、具有潜力、善于合作等三个方面来实现。在应聘之前一定要做好充分的准备，因为"机会总是留给有准备的人"，这些准备包括了按时到达、充分搜集资料、写好求职信、制作简历等。面试作为应聘过程中的"重头戏"，受到人们一致的高度重视，甚至许多人认为"应聘＝面试"。在面试过程中，大家一定要在形象设计、礼貌礼节、谈话技巧等方面做好准备。面试结束时，应聘者依然要注意自己的言行举止，并要在恰当的时候积极联系单位查询结果。能够学以致用当然最佳，但短期内若无合适的单位时，则不妨变通一下，不要把自己限制在一个狭小的圈子里，面放宽一点，机遇就会多一些。

【思考题】

1. 如何在应聘中给别人留下良好的第一印象？
2. 个人简历与求职信有什么异同？写作时有哪些注意事项？
3. 应聘时应注意哪些礼节？
4. 作为一名面试者，在面试时如何进行得体的自我介绍？
5. 面试谈话技巧有哪些？
6. 面试结束时，应注意哪些礼仪礼节？

【讨论】

某集团招聘副经理，张某研究生学历，专业对口且符合其他条件，张某经过初试和复试信心百倍，等待最后的三留一的面试。门口一提茶壶的老头问坐在沙发上等候的三位应聘者："见到面试办公室主任了吗？"问到张某时，张某用拇指指了一下里面，头也不回地说："在里面！"老头显得很尴尬，扶起了张某旁边倾倒的一盘菊花，捡起了张某扔在地上的纸巾，然后提着茶壶走了。张某对着其背影唠叨了一句："老家伙！"

当张某正在最后的面试时，老者提着水壶进来了。考官全部站起来给他让座。张某才知道他就是董事长！

在此情形下，谁还会关注张某的专业知识和技能呢？

请问：张某为什么没被录用？

【技能训练标准】

实训学时	2学时
实训的方法和手段	1. 语言讲解法、情景教学法、示范分组练习法。 2. 通过情景示范，引导学生进行求职准备。 3. 完成求职信、求职简历的设计与制作。引导学生进行模拟应聘。理解应聘辞别礼仪
实训的要求和标准	要求：认真听课，深入体会，明确任务，树立信心。 标准：1. 是否能够较为完整地准备求职资料；是否设计并制作了优良的求职信与求职简历。

续表

实训学时	2学时
实训的要求和标准	2. 面试仪表、仪容、仪态是否符合要求；面试自我介绍是否清晰、有效、创新；面试谈话技巧的把握程度是否得当。 3. 面试结束后是否能有效退场；应聘结束善后事宜的处理技巧是否恰当
任务考核	1. 学生分组练习，在教师指导下反复训练，纠正错误；设置好应聘场景，每组5个主考官，其余同学轮流做应聘者，展示求职者的应聘资料准备、个人形象设计、言谈举止、应试技巧；相互观摩与演练。 2. 分组练习。扮演：测试在应答中的反应，熟悉常见考题，事先演练面试时提问的技巧。面试礼仪：入门时敲门是否准确，入室后是否关门。礼貌：行礼、递简历、面部表情、问候是否恰当。入座：是否允许后才就座。姿态：手势正确，准确运用礼貌用语，应答自如。辞别：起立，礼貌告别。 3. 分别对每个小组和个人按评分要求打分，最后评出总分
任务布置	撰写一份自己的求职简历与求职信

参考文献

[1] 张华,周兴中.职业形象与职场礼仪教程[M].北京:化学工业出版社,2018.

[2] 张华,兰炜,杨国寿.职业形象与商务礼仪训练教程[M].北京:北京交通大学出版社,2012.

[3] 吴蕴慧,徐白.现代礼仪实训教程[M].武汉:武汉大学出版社,2017.

[4] 罗元,张兰平.商务礼仪实训指导[M].北京:化学工业出版社,2020.

[5] 陈璐,戚薇.职业礼仪实训教程[M].北京:高等教育出版社,2019.

[6] 胡爱娟,陆青霜.商务礼仪实训[M].北京:首都经济贸易大学出版社,2018.

[7] 金正昆.社交礼仪教程[M].第4版.北京:中国人民大学出版社,2020.

[8] 窦丽荣.职业形象与礼仪[M].北京:中国人民大学出版社,2018.

[9] 张岩松,叶海昕,李晓雅.职业形象设计[M].第2版.北京:清华大学出版社,2019.

[10] 宋薇.中外礼仪大全[M].南京:译林出版社,2017.

[11] 张岩松.现代公关礼仪[M].第2版.西安:西安电子科技大学出版社,2018.

[12] 金正昆.社交礼仪[M].第2版.北京:北京联合出版公司,2019.

[13] 金正昆.职场礼仪[M].第2版.北京:北京联合出版公司,2019.

[14] 杨雅蓉.高端商务礼仪与沟通:让你身价倍增的社交礼仪[M].北京:化学工业出版社,2019.

[15] 张德付.中华日常礼仪基础教程[M].北京:中华书局,2019.

[16] 张岩松.现代交际礼仪[M].北京:经济管理出版社,2020.

[17] 于莉,韩秀玉,马丽群.空乘职业形象塑造[M].北京:化学工业出版社,2019.

[18] 国网浙江省电力公司.员工礼仪[M].北京:中国电力出版社,2017.